La musique, c'est toute ma vie

(L'amour, très peu pour moi)

Josie Bloss est musicienne. Après des études de sciences politiques, elle se consacre aujourd'hui à l'écriture.

Couverture : Jim Tierney

Ouvrage publié originellement en 2008 par Flux,
un département de Llewellyn Publications, USA
sous le titre *Band Geek Love*

18, rue Barbès, 92128 Montrouge Cedex
Dépôt légal : février 2014
ISBN : 978-2-7470-3729-7

Suivi éditorial : Pierre Jaskarzec

sublime idylle

La musique, c'est toute ma vie

(L'amour, très peu pour moi)

Josie Bloss

Traduit de l'anglais (États-Unis)
par Valérie Latour-Burney

bayard jeunesse

Pour ma famille, qui m'a appris à aimer les livres, la musique, à ne pas avoir peur et à savoir parfois sortir du cadre.

Chapitre 1

Ma section avait du mal à suivre mes indications, et c'était un problème dont je me serais bien passée le jour le plus important de ma carrière dans la fanfare.

– Hé ho ? Vous êtes censés être au garde-à-vous ! ai-je rugi.

Ils se sont tous arrêtés d'un seul coup et figés en quinze statues lugubres dégoulinantes de sueur. Je les ai fusillés du regard, puis j'ai soupiré d'un air irrité :

– Allez, tout le monde ! On se concentre !

Je ne laisserais personne bousiller mon premier solo de trompette en public, un solo d'enfer ! Et sûrement pas des sous-fifres qui n'avaient visiblement pas pris mes menaces – de-mort-par-coups-de-trompette – au sérieux. Après avoir attendu trois ans pour en arriver là, devenir la chef de la section trompettes et décrocher le grand solo, je ne visais plus qu'une seule chose : la perfection.

Rêver pendant des années à ce jour m'avait permis de supporter l'enfer du lycée. Chaque fois que des non-fanfareux me traitaient comme une pestiférée ou que j'étais à côté de la plaque sur un truc évident pour toutes les filles de mon âge, j'imaginais ce que je ressentirais quand je serais la chef sur le terrain. Quand tous les regards seraient tournés vers *moi* et mon impeccable section.

Et alors que mon jour de gloire était arrivé, qu'on s'apprêtait à entrer sur le terrain pour la représentation qui clôturait mon tout dernier stage de fanfare d'été, les musiciens de ma section se comportaient comme s'ils avaient oublié à quel point ce moment était important.

Ils ne parvenaient pas à tenir en place alors que nous étions en pleine inspection finale. Les autres chefs de section et le tambour-major – Jake Armstrong, mon meilleur ami – passaient entre les rangs afin d'examiner tout le monde, de s'assurer que les polos d'uniforme étaient bien rentrés dans les pantalons et que les instruments brillaient de tous leurs feux.

Les quatre-vingt-quinze membres de la fanfare attendaient en silence, au garde-à-vous, en rangées tirées au cordeau. En cette fin d'août, des rivières de sueur ruisselaient dans mon dos et imprégnaient mon polo, mais j'étais trop tendue – au point d'en avoir des gargouillis dans le ventre – pour m'en soucier.

Après avoir lancé un dernier regard noir aux musiciens maintenant immobiles de ma section, je n'ai pas pu m'empêcher de faire un grand sourire à Jake, qui se dirigeait vers ma rangée.

On a commencé la fanfare ensemble en troisième : Jake Armstrong, l'angoissé, dans l'ombre de son frère, star de la trompette de terminale, et moi, Ellie Snow, la fille qui échouait lamentablement à travailler en groupe et dont tous les bulletins soulignaient les problèmes de sociabilité. Malgré tout, la fanfare avait été, pour Jake et moi, la colonne vertébrale de toutes nos années de lycée, le seul lieu au monde où nous nous sentions *chez nous.*

Je me suis souvenue de la première fois, en troisième, que nous avions défilé d'un même pas sur la pelouse, côte à côte, découvrant le sentiment de puissance qui s'empare de soi quand on est entouré d'une centaine de personnes avançant toutes de la même façon, dans la même direction. Et que lorsque le tambour-major avait lancé « Repos ! », nous avions déposé nos trompettes et nous nous étions regardés d'un air ébahi, avant de retourner en courant de l'autre côté du terrain pour recommencer l'exercice.

On avait sûrement chacun nos raisons, à l'époque, de se donner corps et âme à la fanfare. J'appréciais le contraste entre cette organisation pratiquement militaire et mes parents complètement à l'ouest. Et Jake, l'hyper-nerveux, se détendait enfin quand la fanfare se mettait en marche pour suivre avec rigueur les lignes et angles droits de nos chorégraphies. Nous sommes devenus meilleurs amis dès la troisième, deux perfectionnistes de la même veine.

Et, trois ans plus tard, on y était arrivés : on était les chefs que tout le monde respectait, que tout le monde écoutait et dont tout le monde avait besoin.

Jake avait dû sentir mon regard sur lui, car il m'a adressé un coup d'œil et un rapide sourire tout en arpentant méthodiquement les rangées, l'air féroce avec ses poings serrés et son sifflet de tambour-major étincelant qui pendait à une chaîne autour de son cou.

J'entendais derrière nous les murmures des nombreux spectateurs qui avaient fait deux heures de route depuis la ville afin de nous voir jouer. Nous venions tous de passer une semaine dans la chaleur poisseuse des bungalows d'un camp de vacances, au milieu d'une forêt perdue du Michigan, partageant équitablement notre temps entre des exercices chorégraphiques sans fin et des répétitions instrumentales à vous user les lèvres. J'ai remarqué les regards furtifs de quelques musiciens vers les tribunes ; ils mouraient sûrement d'envie de rentrer chez eux pour y retrouver de bons repas, la clim et des douches sans araignées.

Je savais que mon père et ma mère étaient dans les gradins, mal assis sur les bancs en métal chauffés à blanc par le soleil, plus âgés que tous les autres parents, la mine perplexe, à se demander ce qu'ils faisaient là, comme s'ils étaient arrivés par hasard après un détour par le marché bio. Ma mère devait porter des vêtements amples, aux couleurs vives, et mon père, ses Birkenstock avec des chaussettes blanches bien ringardes. Ils ne manquaient jamais une occasion de me voir sur l'estrade, mais ils semblaient toujours surpris par la fanfare.

– Ma puce, pourquoi tu as l'air si en colère quand tu défiles sur la pelouse ? m'avait demandé ma mère après m'avoir vue jouer pour la première fois (elle n'a jamais manqué une seule parade depuis). Tu pourrais sourire un peu, non ? Tu as l'air si triste ! Tu es sûre d'aimer la fanfare ?

Oui, j'en suis sûre. En revanche je ne suis pas sûre que quelqu'un puisse être aussi bouché que ma mère pour tout ce qui concerne la fanfare. Le concept de rangées parfaitement ordonnées, de mouvements fluides et contrôlés, la discipline quasi militaire... tout cela n'a aucun sens pour les gens à la coule comme elle (ils me dégoûtent !). À l'écouter, il ne faudrait jamais dire à quiconque ce qu'il doit faire. Personne ne devrait jamais être dirigé. Franchement, je ne sais pas d'où je viens. Ils ont dû faire une erreur à l'hôpital.

Je suis sortie d'un coup de ma rêverie et me suis retournée pour, encore une fois, inspecter d'un œil critique les quinze musiciens de ma section. J'avais l'impression d'être un maître-chien avec une meute de bêtes à concours imprévisibles et gémissantes. Parce que non seulement j'avais à m'inquiéter de mon propre solo, mais en plus mon titre de chef de section me rendait responsable d'eux, du début à la fin, qu'ils soient bons ou mauvais. Toute la semaine, je m'étais acharnée à faire entrer dans leurs petites têtes obstinées et distraites une idée simple : je détestais ne pas être parfaite. J'étais déjà tristement célèbre pour ma méchante tendance à infliger des tours de terrain aux premiers qui sortaient du rang, et ils savaient tous qu'ils avaient intérêt à être au top aujourd'hui s'ils ne voulaient pas subir mes foudres.

En fait, être chef de section m'offrait l'occasion de me mettre en colère, et c'était une des choses que je préférais dans ce rôle.

J'ai souvent pensé à la première fois que l'on m'a crié dessus dans la fanfare. C'était en troisième. Je n'avais pas compris qu'être au garde-à-vous signifiait que l'on n'avait même pas le droit de chasser un moucheron de son visage, et le tambour-major de l'époque, Vicky, avait fait un exemple pour le reste des musiciens : j'avais écopé de trois tours de terrain seule et devant *tout le monde*.

Je les ai faits en retenant mes larmes, furieuse, amère et morte de honte, évidemment. Mais je n'ai plus jamais égratigné un seul garde-à-vous. C'était devenu un défi, une sorte de compétition avec moi-même. Une nuée de moustiques pouvait fondre sur moi et tenter d'emporter mon corps dans les bois touffus qui entouraient le terrain, jamais je n'aurais lâché la pose.

Et, à présent que j'étais chef, je n'en attendais pas moins des musiciens de ma section. Je n'ai donc pas résisté à l'envie de marquer une pause pour siffler dans les oreilles de Brandy Jenkins qu'il valait mieux que je ne voie pas une seule trace de doigts sur sa trompette lors du premier match si elle ne voulait pas se prendre un tour de terrain !

Son petit visage de souris s'est crispé, mais elle connaissait parfaitement mon point de vue sur le garde-à-vous et elle n'a pas bougé d'un pouce.

Brandy était en terminale, comme moi, et nous avions été amies des siècles auparavant. Au collège, on jouait l'une à côté de l'autre dans l'orchestre junior et on gloussait chaque fois que le clarinettiste devant nous se curait le nez. J'étais contente quand elle est entrée dans la fanfare du lycée avec moi. Je pensais que j'avais peut-être trouvé une alliée dans ce nouvel environnement.

Mais tout s'est écroulé dès la troisième : en vraie peste de quatorze ans, championne de méchanceté, elle avait dévoilé à tout le monde mon premier coup de cœur. Il s'agissait du grand frère de Jake ; c'était le chef de la section trompettes et mon héros secret. Pour faire court, toute la fanfare en avait été informée et s'était cruellement moquée de moi pendant des semaines. J'avais donc rendu la monnaie de sa pièce à Brandy en cabossant – par accident, bien sûr – le pavillon de sa trompette et, depuis, j'ai toujours été atroce avec elle. Ce qui était particulièrement délicieux maintenant que j'étais sa supérieure dans la fanfare.

Je savais que c'était l'horreur pour Brandy, mais de toute façon tout le monde pensait que j'étais largement meilleure qu'elle et que j'avais beaucoup plus de qualités naturelles de chef...

Lorsque j'ai enfin été satisfaite de l'alignement de mes trompettes, j'ai tendu les pouces à l'intention de Jake – c'était bon, on pouvait y aller – et je me suis mise en place. Devant ma section, sur la gauche. C'était la position d'honneur, là où j'étais censée être. Les autres chefs de section ont fait la même chose.

Il y a eu une pause à vous faire frémir jusqu'au bout des orteils. Nous nous tenions tous immobiles, le regard rivé droit devant nous, le menton levé. J'ai fermé les yeux un instant. Je sentais mes doigts nerveux sur les trois pistons de ma trompette, les muscles de mon dos cambré dans la posture artificiellement exagérée du garde-à-vous, et les rayons de soleil qui se reflétaient sur le cuivre de mon instrument et filtraient au travers de mes paupières closes où apparaissaient de petits points blancs. Autour de moi, on n'entendait rien d'autre que le souffle et les pas étouffés des musiciens qui prenaient place, et le gazouillis malvenu d'un oiseau perché au sommet d'un arbre au-dessus de nous.

Et puis, il y a eu le sifflement perçant venu de l'avant de la fanfare et nous avons tous inspiré ensemble.

– Une, deux ! Une, deux ! a claironné Jake posté à l'avant, à proximité des flûtes.

Aaron, le chef de la section percussions, a enchaîné avec un battement vif sur son tambour à timbre pour donner le tempo. Le reste de la section percussions s'est lancé dans une cadence retentissante, comme quelqu'un qui vous pousse à deux mains dans le dos pour vous faire avancer.

Et, telle une mécanique de précision minutieusement réglée, la fanfare s'est mise en branle sur la pelouse.

Grâce aux répétitions intensives de la semaine précédente – une vraie cocotte-minute –, on s'était transformés en quelque chose de plus grand que la simple somme de nos personnes individuelles et maladroites. On était devenus une unité, une force. Nos pieds avançaient à l'unisson, avec précision, pointes contre talons, nos mentons fièrement levés, nos instruments scintillant au soleil telles des armes menaçantes, nos cerveaux tous concentrés sur les mêmes mouvements, dans une synchronisation parfaite.

C'était comme partir en guerre, comme si nous étions prêts à piétiner sans effort et sans scrupule quiconque se trouverait sur notre chemin. Mon cœur tambourinait en rythme avec la grosse caisse. Depuis la troisième, c'était le moment où j'étais le plus heureuse : quand je commençais à marcher au pas cadencé tout en jouant.

Pour le premier morceau, on a formé une série de demi-cercles sur la pelouse, des lignes impeccables, des mouvements que l'on avait mille fois répétés. M. Barr, le directeur de la fanfare, a fait un signe de tête à Jake pour lui indiquer que l'on était prêts. Jake a grimpé sur une solide échelle en métal afin de nous diriger. Il a croisé mon regard et a hoché la tête : je suis sortie du demi-cercle pour avancer vers le centre de la formation et ouvrir le bal avec ce solo que j'attendais depuis si longtemps. J'allais jouer un thème musical latino au rythme trépidant qui parcourait toute ma tessiture et se terminait sur une note super-aiguë, du genre à briser une vitre. Je l'avais répétée tout l'été pour parfaitement la maîtriser.

En place sur mon repère, j'ai doucement fait bourdonner mes lèvres pour les échauffer, et j'ai fait cliqueter mes doigts sur les pistons de ma trompette, jouant inconsciemment la première mesure pour la énième fois.

Je rêvais de ce moment depuis trois ans et toutes les fibres de mon corps et de mon esprit vibraient d'excitation.

J'étais là, totalement seule, à trois mètres du reste de la fanfare qui attendait que je commence. Tout le monde avait les yeux braqués sur moi. Tout reposais sur mes épaules. J'y étais... enfin !

Avant de poser les lèvres sur ma trompette, j'ai parcouru du regard les tribunes face à moi. J'avais toujours trouvé excitant d'apercevoir les visages face auxquels j'allais souffler de tous mes poumons, même s'il semblait toujours y avoir le même public de parents et de frères et sœurs. Ça allait être drôle de voir leurs yeux s'écarquiller en entendant le rugissement de la première note, de faire comme si je pouvais entrevoir leurs cheveux balayés par le souffle de ma trompette.

Et c'est là, juste au moment où je prenais une profonde inspiration avant de commencer, mes lèvres déjà sur le métal froid, que je l'ai vu... Il me regardait droit dans les yeux avec une intensité troublante, on aurait dit qu'il me connaissait depuis toujours. Une expression légèrement inquiète s'affichait sur son beau visage au bronzage doré : un sourcil légèrement froncé et une amorce de grimace, comme s'il était conscient de ce qui allait se passer et espérait pouvoir l'empêcher.

Et j'ai loupé ma première note.

Chapitre 2

Quand on est sortis du terrain, personne n'a rien osé me dire au sujet de mon plantage. Et encore moins me regarder. Toute ma section, y compris les troisièmes qui ne me connaissaient que depuis une semaine, savait que je n'appréciais pas vraiment la critique. Et que je risquais de passer mes nerfs sur le premier qui parlerait de mon solo raté. Tous mes musiciens ont gardé les yeux baissés pendant mon bilan du concert.

– Beau boulot, ai-je conclu sans même me forcer à sourire. On se voit demain au lycée.

J'ai ignoré le petit rictus narquois que Brandy m'a lancé avant de me tourner le dos et j'ai résisté à l'envie de lui envoyer ma trompette à la figure. C'était comme si je vivais « en vrai » le pire des cauchemars – genre : aller toute nue à l'école – et ce spectacle semblait la réjouir.

Après avoir profondément inspiré pour me calmer, j'ai retrouvé mes parents au bord du terrain. Comme on pouvait s'y attendre de la part de personnes aussi nulles en musique, ils ne s'étaient même pas rendu compte que je m'étais plantée.

– C'était magnifique, ma chérie ! s'est extasiée ma mère en tapotant doucement mon dos trempé de sueur. Tu as *assuré* avec ton solo !

Sa tentative de parler comme les jeunes m'a hérissé le poil et je me suis légèrement éloignée d'elle. Mes parents faisaient toujours comme s'ils étaient hyper-enthousiastes que je sois autant impliquée dans la fanfare, mais je savais qu'ils ne comprenaient pas mon obsession. L'air de rien, ils ne manquaient jamais de glisser que je pourrais aussi fréquenter d'autres clubs, comme l'Earthday Club[1] ou, encore pire, le club « Politique et débats ». Ils n'écoutaient même pas de musique en voiture.

– Merci, ai-je répondu sans sourire et sans leur expliquer pourquoi j'avais magistralement loupé la première note de mon solo, et plusieurs autres à la suite.

J'étais sûre que mon morceau avait tout eu d'un rot monumental sans aucune des sonorités pures et éclatantes que je pensais maîtriser, et je ne comprenais pas comment mes parents pouvaient être aussi peu attentifs. Même les personnes qui ne faisaient pas la différence entre un tuba et un trombone avaient dû se rendre compte du massacre.

Je n'ai pas pu m'empêcher de frémir.

---

1. Branche étudiante du Sierra Club, importante association américaine de protection de l'environnement. (*Toutes les notes sont de la traductrice.*)

– Ça te fait de la peine que ce soit ton dernier stage de fanfare, c'est ça ? a demandé mon père, la sueur perlant sur son crâne dégarni.

En voyant la serviette fatiguée qu'il tenait à la main, je savais qu'il était directement venu de son bureau de l'aide juridictionnelle, même si c'était un dimanche (il souligne toujours en plaisantant que l'acharnement sur les pauvres ne s'arrête pas les jours de fanfare).

– Heu... j'imagine, ai-je répondu.

J'ai jeté des coups d'œil autour de moi pour m'assurer que personne ne me regardait. Bien sûr, personne n'allait m'avouer quoi que ce soit en face, mais ça ne voulait pas dire qu'on n'était pas déjà en train d'en parler. J'ai tendu discrètement l'oreille vers les discussions voisines.

– Il y aura toujours la fanfare à la fac, a ajouté papa avec enthousiasme.

L'université était son sujet de conversation préféré, parfois même le seul et unique. Et, dès qu'il abordait la question, je rêvais systématiquement d'avoir un frère ou une sœur, n'importe qui pour le distraire. Mais, vu le nombre d'amis de mes parents qui étaient déjà grands-parents, il y avait peu de chances que cela arrive.

– Bon, on rentre à la maison ? a enchaîné ma mère tout en regardant sa montre et en s'éventant. Tu as l'air d'avoir besoin d'une bonne douche.

J'ai dû faire un effort monumental pour ne pas froncer les sourcils. Évidemment que j'avais besoin d'une douche, et même de plusieurs ! Sur le plan de l'hygiène, le stage de fanfare, c'était un peu comme se rouler dans de la boue mélangée à la salive accumulée dans nos instruments pendant toute une semaine. Et c'était justement ça qui était bien: je pouvais enfin ne pas faire attention à être propre après avoir passé l'année, comme toutes les autres filles, à faire croire qu'on ne transpire jamais (sauf en cours de gym, où on le fait avec élégance).

Avant même que j'aie eu le temps de répondre, Jake était à côté de moi, son long visage étroit barré d'un sourire. J'ai laissé échapper un soupir irrité, sachant très bien ce qui se profilait.

– Bonjour, monsieur Snow, bonjour, madame Snow, a-t-il dit à mes parents en leur tendant la main comme s'il passait un entretien d'embauche.

J'étais à deux doigts de ricaner. Il prenait son rôle de « représentant-en-chef-de-la-fanfare » très au sérieux.

– Jacob, a fait mon père en lui serrant solennellement la main. Beau travail, bravo.

– Merci, monsieur Snow, mais la vraie star, c'était Ellie, non ? Quel solo !

Jake m'a lancé un sourire diabolique, tout à fait conscient que j'avais été nulle. Je l'ai regardé en plissant les yeux.

– Arrête, Jake, tu es trop modeste, ai-je sifflé entre mes dents. On aurait été perdus si tu n'avais pas agité les bras, là-haut sur ton échelle. On aurait certainement continué à marcher sans faire gaffe jusque dans le lac et on se serait noyés.

Comme d'habitude, ma mère s'est complètement plantée sur le sous-texte de la conversation :

– Elaine, sois gentille.

J'ai expiré bien lourdement et j'ai croisé les bras. C'était sûrement la dix millionième fois que ma mère me disait d'être « gentille » et ça ne me faisait pas beaucoup d'effet.

– Est-ce que ça vous embête si je vous vole Ellie quelques minutes ? (Jake a toujours été un grand conciliateur.) Je vous promets de ne pas la retenir longtemps.

Ma mère a détourné son attention de ma personne pour faire un truc révoltant : adresser à Jake le petit sourire coquet qu'elle réservait surtout aux hommes séduisants, même si les « hommes » en question avaient l'âge de sa fille !

– Allez-y, les jeunes.

Puis elle s'est tournée vers moi et m'a rapidement soufflé :

– On t'attend dans la voiture.

Jake leur a dit au revoir et m'a entraînée vers M. Barr. Mon estomac se serrait déjà nerveusement.

« Ils n'ont pas intérêt à me faire la leçon sur mon solo raté, ai-je pensé, ou je les zigouille tous les deux sur place. » Même si, soit dit en passant, mon directeur de fanfare et le tambour-major étaient bien les deux seules personnes qui avaient le droit de me dire ce qu'elles voulaient parce que j'avais gâché le début de la parade.

– Bon, tu ne peux pas péter les plombs, a marmonné Jake à côté de moi.

J'ai levé les yeux vers lui, paniquée, persuadée que c'était effectivement au sujet de mon solo :

– Qu'est-ce qui se passe ?

– Ben... tu vas voir.

Ses sourcils bruns se sont froncés.

J'ai failli piler net quand j'ai aperçu avec qui était M. Barr. C'était *lui*! Le mec dans le public qui m'avait dévisagée si intensément qu'il m'avait fait cafouiller et, par la même occasion, avait sûrement ruiné pour toujours ma réputation de déesse de la trompette.

« Il veut peut-être s'excuser », me suis-je dit bêtement.

– Ellie, a lancé M. Barr en me voyant hésiter, viens ici une seconde.

Je les ai rejoints à contrecœur et j'ai croisé le regard de celui qui avait fichu en l'air mon dernier jour en stage de fanfare et donc toute l'année scolaire à venir.

Bon, d'accord, il était canon. Grand, mince, superbe bronzage doré avec des cheveux châtains décolorés par le soleil, qui brillaient dans la lumière de cette fin d'après-midi. Il portait un polo du même bleu ciel hallucinant que ses yeux, un bermuda et des sandales.

Avec son nez de travers et ses yeux enfoncés et tombants, son visage n'était pas parfait. On l'imaginait plutôt à la barre d'un yacht ou dans une chasse au renard que dans les tribunes d'un lycée paumé du Michigan en train de faire déjanter de pauvres solistes.

J'ai immédiatement pensé que le beau gosse avait au moins mon âge, ou même un peu plus ; ce devait être le grand frère de quelqu'un, déjà à la fac. Il se tenait là, les mains sur les hanches, exposant ses larges épaules, avec un air aussi calme et confiant que si on venait de le nommer responsable de la planète, genre « Oui, je fais un super-boulot, je sais, merci ».

D'habitude, les mecs qui ont cette allure me crispent prodigieusement, et j'ai souvent envie de leur donner un coup dans les tibias juste pour les secouer. Mais ce garçon-là... *ce* garçon... je voulais en faire lentement le tour pour le voir sous toutes les coutures, puis m'imprégner de cette vision comme si je flottais dans un bain chaud.

Il m'adressait un grand sourire et je ne pouvais pas m'empêcher de lui sourire moi aussi, comme par réflexe. J'ai soudain pris conscience de la transpiration qui imbibait mon T-shirt et j'ai ressenti le besoin étrange de vérifier l'état de mes cheveux (alors que je me fiche toujours royalement de ma coiffure).

– Ellie, je te présente Connor Higgins. Il va rejoindre ta section, a dit M. Barr sur le ton de la conversation, comme si c'était la chose la plus naturelle du monde. Connor, Ellie sera ta chef de section, a-t-il enchaîné.

Mon sourire béat s'est évanoui en une nanoseconde alors que Jake et M. Barr tressaillaient et reculaient d'un pas, comme pour se préparer à ma réaction.

– Vous vous fichez de moi ? ai-je explosé.

Personne, pas même un dieu grec, canon ou pas, ne pouvait rejoindre ma section après le stage. J'avais bossé pendant une semaine pour former une unité solide et insubmersible avec des lignes parfaitement espacées. On ne pouvait pas rajouter quelqu'un au dernier moment !

J'ai vu le front de M. Barr se plisser et j'ai reformulé ma pensée pour faire preuve de plus de maturité et de diplomatie :

– Enfin, je veux dire, est-ce qu'il n'est pas un peu tard, maintenant que le stage est terminé ?

Cela ne semblait pas inquiéter Connor, qui continuait à me dévisager ouvertement. Il ne savait pas que c'était malpoli ? Est-ce que sa mission sur terre était de se pointer pour me faire partir en vrille chaque fois qu'il se passait quelque chose d'important ?

J'ai tourné les yeux vers Jake pour y trouver un soutien, mais il a évité mon regard et m'a laissée tomber. J'ai eu envie de lui donner un coup de poing dans le ventre. Il était le mieux placé pour savoir à quel point il était crucial pour moi que l'année se déroule sans anicroche. Il savait que j'avais passé l'été et une grande partie de l'année précédente à tout préparer pour que ma section soit impeccable et qu'il n'y avait sûrement pas de place pour le premier venu *à la fin* du stage ! Et, parce qu'il était mon meilleur ami, il aurait dû intervenir et arrêter immédiatement ce délire.

– Connor vient d'emménager dans le district de l'école, a expliqué M. Barr en jetant un coup d'œil discret et plutôt étrange à l'intrus en question. Il ne... heu... savait pas pour le stage de préparation et nous a demandé de faire une exception.

– Une *exception* ? Est-ce qu'il sait seulement défiler ? ai-je rétorqué. Le premier match a lieu à la fin de la semaine. On n'a pas vraiment le temps d'intégrer quelqu'un, à moins qu'il puisse s'y mettre tout de suite.

Les mains sur les hanches, j'ai regardé Jake puis M. Barr en ignorant complètement Connor (ce qui était quasi impossible, j'avoue). Le lâcher comme ça dans la section était une très mauvaise idée, c'était évident. Le stage de préparation était obligatoire pour tous les membres de la fanfare, quel que soit leur âge. À moins, bien sûr, de présenter une très bonne excuse, comme une urgence familiale un coma. Et, même dans ces cas-là, j'étais d'avis qu'ils n'auraient pas dû être réintégrés. On ne pouvait pas débarquer comme ça et espérer s'incruster dans le groupe, un point c'est tout.

– Connor joue très bien. M. Barr a dit qu'il était déjà dans une fanfare dans son ancien lycée, a expliqué Jake, qui semblait vouloir me conseiller de me calmer.

Je l'ai regardé et il a légèrement écarquillé ses yeux noirs, m'indiquant clairement que j'étais à côté de la plaque et que je ferais mieux de baisser d'un cran ma mauvaise humeur.

Après lui avoir lancé un regard de mépris absolu, je me suis tournée vers Connor pour le toiser, mes yeux passant de son visage à ses épaules puis à ses pectoraux. Sous le poids de mon regard, il s'est un peu redressé. J'ai vaguement remarqué que son polo avait une drôle de déchirure sur sa poitrine, en haut à gauche.

Puis mes yeux se sont à nouveau posés sur son visage et j'ai vu que ses lèvres dessinaient un petit sourire.

– Est-ce que c'est vrai ? ai-je demandé. Tu ne risques pas de nous ralentir ?

– J'ai beaucoup défilé et je sais jouer.

Sa voix était douce et profonde, toute en rondeur avec un cœur chocolat au lait.

– Ne t'inquiète pas... Je te promets que je ne serai pas un problème.

Je me suis sentie fondre, prête à croire tout ce qui sortirait de ces lèvres sur ce visage, avec ces yeux qui me regardaient comme ça... Ma main s'est alors dirigée vers ma bouche pour ronger mes ongles, ce que je fais chaque fois que je suis sur un terrain inconnu. Je l'ai ôtée d'un coup sec et me suis sévèrement ordonné de revenir sur terre. Ce n'était qu'un pauvre mec. Un canon chaud bouillant, j'avoue, mais un pauvre mec, c'était sûr, comme tous les autres.

– Bon, tu as intérêt à bien jouer, ai-je déclaré de ma voix de chef de section la plus autoritaire possible. Nous sommes les instruments les plus importants de la fanfare et je ne supporte pas les tire-au-flanc.

Jake et M. Barr ont détourné le regard, essayant manifestement de ne pas rire. Je savais que l'on se moquait de moi à cause de mon complexe de supériorité de trompettiste et de ma conviction, souvent exprimée, que le reste de la fanfare n'était qu'accessoire à notre génie. Mais je n'y pouvais rien si les mélodies significatives des arrangements de fanfare étaient écrites pour les trompettes. Ainsi que les solos, d'ailleurs.

– Bien sûr. Je vois ça, a fait Connor, toujours avec le sourire, mais à présent teinté d'un certain amusement.

Est-ce qu'il aurait au moins pu faire semblant de s'inquiéter une demi-seconde ?

– Ellie, a doucement enchaîné M. Barr. Je ne te demande pas de l'accepter dans ta section. Je t'informe simplement qu'il en fait partie.

Même si arracher mes yeux du visage de Connor relevait carrément de la performance physique, j'ai réussi à mitrailler du regard Jake et M. Barr afin qu'ils comprennent bien le fond de ma pensée.

– Très bien, puisque visiblement mon avis ne compte pas.

Comme aucun des deux ne me répondait, que la présence de Connor me rendait fébrile et que de toute façon il n'y avait plus rien à dire, j'ai tourné les talons et je suis partie d'un pas raide.

– Hé ! Ton solo était mortel, m'a lancé Connor.

Je me suis arrêtée un instant ; je sentais mon visage sur le point de rougir. Il se fichait de moi, ou quoi ? Cet intrus ne respectait aucune règle et se moquait en plus de mon traumatisme personnel ? *Lui* qui en était le seul et unique responsable ?

J'ai pivoté sur moi-même avec une lenteur délibérée. Jake et M. Barr semblaient soudain captivés par leurs lacets et l'innocent Connor était le seul à me regarder. Il m'a souri d'un air encourageant.

– Bon, le début était nul, j'avoue, mais après c'était vachement bien, a-t-il continué, visiblement inconscient de l'imminence de sa mort. J'ai vu que tu étais tendue avant de commencer, mais je suis sûr que tu seras plus en confiance la prochaine fois et que tu vas assurer grave.

Ma respiration s'est accélérée et les limites de mon champ de vision se sont brouillées quand j'ai ouvert la bouche pour répondre à ce... ce cinglé, qui avait le culot de croire qu'il pouvait avoir un avis sur mon état émotionnel !

– Hem, a fait Jake, Connor, si je te présentais aux autres chefs de section ? Là, tout de suite. Allez, viens.

Il m'a lancé un coup d'œil nerveux et a éloigné Connor du danger. Je les ai regardés partir, les poings sur les hanches. M. Barr me considérait d'un air plutôt amusé.

– Laisse-lui une chance, Ellie, a-t-il dit, avec un de ces regards condescendants qu'ont les adultes lorsqu'ils croient vous donner une de ces « leçons de vie qui forgent le caractère ». Connor pourrait te surprendre. Tu apprendras peut-être même quelque chose grâce à lui.

J'ai pris quelques profondes inspirations, me suis rappelé que j'aurais sûrement besoin de la recommandation de M. Barr pour mes dossiers de candidature aux universités et j'ai essayé de maîtriser l'expression de mon visage en espérant que ça ressemble plus ou moins à un sourire.

– D'accord. Merci.

Puis j'ai fait demi-tour. J'avais raté mon solo et, maintenant, moins d'une semaine avant le match d'ouverture de la saison, j'héritais d'un petit nouveau sérieusement dérangeant. « J'ai intérêt à avoir plus de chance si je ne veux pas me retrouver avec une jambe cassée sur la ligne de milieu de terrain », ai-je pensé en soupirant.

J'ai péniblement marché jusqu'au parking, où Kristen Stratton, mon amie la plus proche avec Jake, est venue vers moi. En bonne copine, elle n'a rien dit sur le solo. J'avais des choses plus importantes en tête, de toute façon.

– C'était qui, ce mec avec qui tu parlais là-bas ? m'a-t-elle demandé en passant le harnais de son saxophone alto autour de son cou. Le *canon* !

Kristen était une des rares filles de la fanfare incapables de participer à la performance de la fin de stage sans mascara et fard à paupières. Contrairement à moi, elle transpirait à peine, et ses cheveux bruns bouclés étaient tressés d'une manière experte, et noués de jolis rubans aux extrémités. Je voyais bien qu'elle s'était fait les ongles la veille, avec un vernis brun assorti aux polos de la fanfare, bien sûr.

Une petite minette comme elle donnait l'impression de devoir détester le stage de préparation de fin d'été, mais en fait elle était très dévouée à la fanfare de Winslow. Et surtout elle adorait s'éloigner, par tous les moyens possibles, de ses cinq nains de frères et sœurs qui prenaient toute la place chez elle. On était amies depuis qu'on s'était rencontrées dans l'orchestre de sixième, même si nos personnalités étaient aux antipodes l'une de l'autre. Kristen disait que je l'aidais à rester les pieds sur terre et, grâce à elle, je ne m'enterrais pas tout le week-end à la maison. Peut-être que, parfois, on a juste besoin d'être avec des gens qui ne nous ressemblent pas du tout.

– Il s'appelle Connor. C'est le boulet de mon existence, ai-je précisé. Un autre trompettiste.

– Mais on ne peut pas entrer dans la fanfare après le stage.

– Exactement, ai-je répondu, c'est pour ça que je le déteste.

J'ai omis de mentionner que je le tenais également pour responsable du plantage de mon solo, avant tout parce que je savais que Kristen serait incapable de garder pour elle un potin pareil. En moins de deux secondes, tout le monde saurait que je m'étais vautrée à cause des yeux rêveurs du nouveau, et je serais obligée de changer de nom et de me cacher quelque part.

Elle a jeté un œil à Connor par-dessus mon épaule, le matant d'un air beaucoup plus convaincu que moi :

– Mais comment tu peux détester un canon pareil ? Il pourrait être mannequin.

– Tu n'as qu'à lui proposer de lancer sa carrière de top model, comme ça je n'aurai pas à m'occuper de lui.

Kristen a ri :

– Pas question. On n'a déjà pas beaucoup de choix dans la fanfare, on ne va pas se mettre à virer les beaux gosses.

C'était sûrement vrai pour les autres, celles et ceux qui bizarrement voyaient dans la fanfare un parfait espace de jeu pour se livrer au grand rituel lycéen du flirt. En ce qui me concernait, la fanfare était simplement une activité géniale pour se faire des amis. Je savais bien que beaucoup de musiciens avaient des histoires – on passait quand même énormément de temps ensemble, entre les répétitions et les fêtes après chaque match –, mais ça ne voulait pas dire qu'il y avait matière à petit ami pour moi dans les parages, surtout maintenant que tous les mecs envisageables étaient de si vieux copains de classe que sortir avec eux aurait été limite incestueux.

Il ne restait qu'une solution et elle était encore pire : les mecs plus jeunes que moi. Je trouvais cette idée carrément déplacée et vaguement dégoûtante. Je ne voyais pas comment on pouvait crier à un mec de seconde de rester dans le rang pendant la mi-temps et sortir ensuite avec lui à la soirée après le match. Ou comment on pouvait ordonner à son petit copain de faire deux tours de terrain parce qu'il était en retard à la répétition. Non, sérieusement? Ça aurait été hyper-gênant.

En plus, comme je ne voyais que des désastres en puissance dans les relations de lycée (je n'oubliais pas le drame qui m'est arrivé la seule et unique fois où j'ai flashé sur quelqu'un), la solution la plus facile pour moi était de faire l'impasse sur toute l'affaire.

– Tu as sûrement raison, mais ça ne change rien au fait qu'il me casse la baraque, ai-je dit à Kristen avec obstination. Ce n'est pas parce qu'il est canon qu'il sera bon dans une fanfare.

– Donc, tu reconnais qu'il est canon.

Kristen a agité son doigt verni vers moi.

– Ben, ouais, ai-je rétorqué sur la défensive. Objectivement, c'est un beau mec. Mais ce n'est pas la question. Ma priorité, c'est d'être sûre que ma section soit absolument parfaite et il fiche tout en l'air juste parce qu'il est là.

Sans parler de l'explosion en plein vol de mon solo parce qu'il était là aussi dans les tribunes.

Kristen a secoué la tête en m'adressant un sourire contrit:

– Waouh, tu as vraiment besoin d'un mec, toi.

– Merci du conseil, c'est sympa. Tu me refiles un de tes ex?

– Hé!

Kristen a paru vexée et m'a donné un petit coup sur l'épaule (pas si petit que ça). Elle avait la réputation d'écumer toute la population masculine correcte de la fanfare. Mais ce n'était pas une nympho pour autant. En fait, elle n'arrivait pas à s'intéresser longtemps à quelqu'un, comme si elle souffrait d'un problème de concentration sur ses petits amis. Et puis, comme elle était mignonne et qu'elle avait la pêche, il y avait toujours un nouveau garçon qui attendait son tour dans les coulisses. D'ailleurs, en ce moment même, le joueur de grosse caisse se tenait près de l'échelle et lui décochait de tendres œillades.

– C'est une blague ! ai-je lancé en me frottant le bras là où elle venait de me frapper.

J'étais probablement sa meilleure amie parce que je ne risquais pas de sortir avec aucun des garçons de la fanfare, ni de tout le lycée d'ailleurs. La plupart des filles n'arrivaient pas à supporter le besoin perpétuel de conquêtes de Kristen. Elle connaissait plein de monde, bien sûr, mais j'étais sûrement l'une des rares filles sans mec qui ne la considéraient pas comme une rivale.

– Bon, de toute façon, a-t-elle dit en haussant les épaules, tu ne devrais pas rejeter les gens aussi vite. Peut-être que Connor est le garçon que tu as patiemment attendu toutes ces longues années, *toute seule.*

– Ça m'étonnerait, ai-je grincé en grimaçant et en essayant de ne pas penser à ses yeux.

Ou à ses bras et à ce que ça me ferait de les sentir autour de moi...

– Tu pourrais être surprise.

– Kristen, la dernière chose dont j'ai besoin avant d'aller à l'université c'est de me coltiner un mec.

On aurait dit qu'on lisait un scénario bien rodé, mais je n'avais jamais réussi à lui faire comprendre à quel point je me fichais des garçons du lycée en tant que petits copains potentiels. Cela allait même au-delà du désintérêt, en fait. Il s'agissait d'une profonde et sombre méfiance. Il faut être honnête : l'espèce masculine lycéenne n'est pas exactement connue pour sa maturité ou sa fiabilité. Mais Kristen était incapable d'imaginer ne pas sortir avec un garçon, quel que soit le prix à payer.

– J'ai assez de choses à faire sans traîner un mec qui aurait besoin de mon attention, ai-je poursuivi.

Sans parler de m'inquiéter de ceux qui parleraient de moi et de ma vie personnelle. Depuis la troisième et tout le drame avec Brandy, j'étais fermement persuadée qu'il n'y avait rien de pire que les gens qui cancanaient sur moi dans mon dos. Et la fanfare était le canal de diffusion de potins le plus rapide de la terre. J'avais donc décidé que le mieux était de ne surtout jamais faire quoi que ce soit qui puisse intéresser les autres. À l'exception de botter les fesses de tout le monde sur la pelouse, bien sûr.

Kristen m'a regardée en levant les yeux au ciel, comme d'habitude :

– Un jour, tu vas te réveiller. Et tu te rendras compte de tout ce que tu as manqué. Tu prends tout vraiment trop au sérieux.

– C'est sérieux, la vie, tu sais, ai-je répondu avec un haussement d'épaules. Surtout si tu veux arriver à quelque chose de bien.

Je n'ai pas ajouté que j'étais sûrement dans toutes les classes *AP*[1] parce que je n'avais pas gaspillé mon temps et mon énergie dans les drames amoureux, alors que Kristen allait probablement se retrouver dans le *Community College*[2] du coin (ce qui d'ailleurs ne semblait pas la gêner du tout).

– Tu rates tous les bons moments, a-t-elle insisté.

J'ai furtivement regardé autour de moi afin de vérifier si aucune oreille ne traînait, mais personne n'était suffisamment près de nous. Jake présentait Connor à tous les autres chefs de section qui auraient la chance de ne pas l'avoir dans les pattes.

– Ce bleu m'a tout l'air d'être un nouveau Nathan, ai-je dit d'une voix lourde de sous-entendus. Un beau gosse qui se la joue. Et je n'ai vraiment pas besoin de ça.

Comme Connor, Nathan était trop beau pour être honnête, ce qui le rendait absolument fascinant. Je continuais à me demander comment il pouvait être le frère de Jake ; il n'avait hérité d'aucun des gènes qui faisaient de son cadet une personne convenable. Jake était sympa et attentionné alors que Nathan était vantard et manipulateur. Mais il était aussi incroyablement sexy – pour une pauvre troisième comme moi – avec ses yeux ténébreux, ses lèvres charnues et ses belles boucles brunes. Et ça n'avait pas fait un pli : j'avais complètement flashé sur lui à la seconde où je l'avais entendu s'échauffer le premier

1. Classes de niveau universitaire proposées aux meilleurs et aux plus motivés des lycéens.

2. Établissement de taille plus modeste qu'une université et proposant des cursus de deux ans.

jour du stage, faisant ses gammes dans toutes les tonalités comme un professionnel expérimenté. Je n'avais découvert que plus tard qu'il n'y avait qu'à la trompette qu'il était bon et sincère.

Kristen a secoué la tête et m'a lancé un regard dégoûté :

– Je ne peux pas croire que tu sois encore obsédée par un truc qui s'est passé en troisième.

J'ai soupiré. Je mourais de honte chaque fois que je me souvenais de la bêtise et de la naïveté qu'il m'avait fallu pour m'imaginer avoir une chance avec Nathan. Chaque fois que je me rappelais comment il m'avait menée en bateau, en flirtant avec moi avant d'anéantir tous mes espoirs d'un seul rire à une soirée de la fanfare, devant tout le monde (grâce à Brandy qui avait généreusement partagé mon petit secret avec la terre entière).

– Comment tu veux que je ne sois pas obsédée ? Tout le monde continue à en parler, ai-je souligné.

Je n'étais pas en plein délire obsessionnel, persuadée que tous les autres étaient fascinés par ma personne : plus tôt dans la semaine, j'avais surpris Brandy en train de raconter cette sale histoire aux nouveaux troisièmes de la section. Comme si elle avait la responsabilité sacrée de ma mémoire et devait informer la terre entière de ma bêtise de jeunesse. Évidemment, elle avait immédiatement écopé de plusieurs tours de terrain.

– Ellie, les gens en parlent encore parce que tu n'es *jamais* sortie avec personne, a rétorqué Kristen en grognant. Si au moins on te voyait passer à autre chose, ils arrêteraient d'en parler parce que ça ne serait plus intéressant.

J'ai secoué la tête, essayant d'écarter les souvenirs atroces de la troisième et de les renfermer dans le placard aux humiliations (où venait de les rejoindre mon solo raté, auquel je tentais de ne pas penser). Nathan était parti à la fac l'année suivante, c'était le seul point positif de cette histoire. Au moins, je ne l'avais plus eu sous les yeux depuis.

Kristen m'a observée d'un air entendu, elle savait bien ce que j'avais en tête.

– Ils ne sont pas tous comme Nathan, a-t-elle dit. C'est vrai, quoi, regarde son frère, par exemple.

On a toutes les deux jeté un œil vers la foule grouillante : à présent rayonnant, Jake accueillait avec effusion les parents d'un nouveau troisième de ma section. Il était devenu un jeune homme accompli. Je n'ai pas pu m'empêcher de lui sourire, à lui, mon ami, l'ex-troisième maigrelet et angoissé qui, en quelques années, s'était transformé en un tambour-major solide et confiant. Contrairement à son frère, Jake était vraiment un mec bien. Même s'il m'avait royalement trahie avec Connor.

Et ça, il allait me le payer.

Chapitre 3

Ce soir-là, de retour à la maison, il m'a fallu plusieurs heures pour déballer tous les sacs puants rapportés du stage, puis me préparer pour la reprise des cours, le lendemain. Toutes les affaires que j'avais emportées cette semaine étaient couvertes d'une couche de crasse. Et j'étais tout aussi crado. J'ai dû faire plusieurs shampoings pour venir à bout du sable dans mes cheveux mi-longs, et du truc immonde qui s'était incrusté sous mes ongles rongés. Le stage de fanfare n'était pas une histoire de princesse. Parfaitement mon style.

« Au moins, j'ai un super-bronzage », ai-je pensé en me regardant dans le miroir de la salle de bains. Même si le croisement des marques de mon soutif de sport avec celles des bretelles de mon débardeur était atroce. J'ai bandé les muscles de mes bras et je n'ai pas pu m'empêcher d'être épatée par ma forme physique. J'avais passé l'été à me préparer pour cette semaine de stage qui revenait finalement à sept jours de travail manuel. Je n'étais pas musclée comme une culturiste tout huilée, mais j'étais mince et robuste, du genre à survivre avec des racines et des glands et à se battre contre un ours si on m'abandonnait au milieu de nulle part.

Pas vraiment l'image idéale dont rêvent la plupart des filles du lycée.

Bref, je savais que je n'étais pas exactement jolie, mes yeux bleu-vert étaient trop petits, mon nez pas assez fin avec trop de taches de rousseur, et ma poitrine surdimensionnée restait terriblement voyante malgré tous mes efforts. Mais au moins j'étais balèze. Je n'aurais gagné aucun concours de beauté, mais je pouvais mettre au tapis toutes les participantes si j'en avais envie. Au sens propre, pas figuré, bien sûr.

Évidemment, avec les parents que j'avais, je ne risquais pas d'être embarquée dans un truc aussi vulgaire qu'un concours de beauté. Ma mère grimaçait toujours avec dédain quand elle zappait sur ce genre de chose à la télé. Et j'en profitais systématiquement pour souligner l'hypocrisie de sa position de féministe pure et dure qui détestait les concours de beauté, mais qui trouvait complètement normal de passer vingt minutes tous les matins dans sa salle de bains à se maquiller parce qu'elle refusait de se voir vieillir.

Ma mère était clairement déçue que je ne lui ressemble pas plus, et surtout que je me fiche complètement d'être une personne pétrie de gentillesse et de tolérance (ce que, moi, j'appelle une mollasse). Elle n'arrêtait pas de me répéter que je ne serais jamais en paix avec moi-même et avec le monde si je persistais à être aussi fermée et en colère.

Maman n'a jamais pensé que j'en avais peut-être ras le bol qu'elle critique constamment ma garde-robe, quasi exclusivement composée de pantalons, T-shirts et sweat-shirts, tous assez confortables pour que je puisse défiler lors des parades de la fanfare et assez larges pour que mes... heu... attributs les plus volumineux restent discrets. Le développement de mon corps m'avait complètement échappé et s'était emballé en sixième, et, depuis, je ne me sentais à l'aise que lorsque je soufflais de toutes mes forces dans une trompette, vêtue d'un T-shirt taille L. Au moins, je pouvais faire comme si on ne regardait pas ma poitrine.

– Tu as une si jolie silhouette, si féminine, disait maman, complètement à côté de la plaque, comme d'habitude. Pourquoi est-ce que tu la caches sous des vêtements aussi peu flatteurs ?

Ce n'était même pas la peine de s'embêter à lui expliquer que, justement, je ne voulais pas que l'on me remarque pour ma silhouette, mes fringues ou mes airbags. La seule attention qui me semblait digne d'intérêt était du genre « vénération de la déesse de la trompette ». Et si ça signifiait que les gens avaient plutôt peur de moi et qu'aucun mec n'avait envie de sortir avec moi, eh bien, tant mieux. Je ne voulais pas avoir affaire à eux de toute façon... plus depuis que j'avais compris, en troisième, qu'ils étaient tous des taches.

Alors, pour répondre aux commentaires hyper-utiles de ma mère, je lui suggérais systématiquement d'avoir un autre enfant si ce que je devenais lui déplaisait autant. Le deuxième serait peut-être au niveau. Ça la laissait invariablement muette.

La plupart du temps, papa était plus facile à vivre. Il était toujours content de regarder un match de football avec moi, quand il ne travaillait pas, sans avoir besoin d'aborder le sujet des petits copains ou plutôt celui de leur absence (sûrement, en fait, parce qu'il n'était presque jamais à la maison et qu'il ne savait pas que je n'en avais pas). Et depuis quelque temps, quand il était là, l'université occupait cent pour cent de nos conversations, comme s'il mourait d'envie que j'y sois déjà.

Il m'arrivait de me demander pourquoi mes parents m'avaient eue. Ils approchaient tous les deux de la quarantaine et étaient mariés depuis plus d'une décennie lorsque je suis née. Je suis convaincue que je suis un accident ou du moins un achat d'impulsion malheureux. Quand j'étais plus petite, on s'amusait bien en famille. On passait du temps ensemble, on jouait à des jeux, on allait ramasser des fraises bio et construire des maisons pour *Habitat for Humanity*[1] ou des trucs du genre.

Mais, depuis que j'étais ado et que j'avais échoué à devenir la Fille Parfaite qui lance des campagnes de protestation pour les organisations environnementales, communie avec la nature et se montre bienveillante envers tous les êtres vivants, c'était comme si ni l'un ni l'autre ne savait plus quoi faire avec moi.

Après avoir fini d'admirer ma personne qui n'était assurément pas tout le temps sympa, je suis allée dans ma

---

1. *Habitat for Humanity* est une organisation non gouvernementale américaine dont l'objectif est de fournir des logements aux populations les plus défavorisées.

chambre et j'ai refermé la porte, tout en zieutant autour de moi afin de m'assurer que rien n'avait bougé. Les chambres en pagaille me mettaient mal à l'aise et me stressaient un peu, un des nombreux traits de caractère que je semblais avoir acquis sans l'aide de mes parents qui, eux, adoraient le désordre. Il pouvait y avoir des piles de livres vacillantes sur les bords des tables et des taches mystérieuses sur les tapis dans le reste de la maison, ma chambre, elle, était toujours tirée au cordeau et propre comme un sou neuf.

Mon pupitre à musique était dans un coin, le cahier de partitions de cette année ouvert à la page de mon solo. Ma trompette, nettoyée et parfaitement lustrée, était posée à côté. Le lit était fait, mes vêtements tous rangés et mon bureau dégagé, prêt à l'assaut de devoirs du lendemain.

Satisfaite et enfin apaisée, j'ai enfilé mon survêt' et j'ai pris ma trompette pour travailler. Je ne me planterais plus jamais, même si Justin Timberlake apparaissait dans le public en brandissant une pancarte *I love Ellie.*

Chapitre 4

Le lycée Winslow est un lieu où l'on adore les bandes, et le premier qui dit le contraire est un menteur. Les sportifs sont toujours avec les sportifs, les théâtreux avec les théâtreux, les psychos de World of Warcraft avec... bon, vous avez pigé. C'est simple : tout le monde reste religieusement dans sa petite boîte, comme si on allait être flingué au moindre pas de côté.

C'est sûrement pour ça que je suis devenue aussi accro à la fanfare. De toute façon, dans un endroit où on vous prend pour une dingue dès que vous essayez des trucs différents, il n'y avait pas vraiment de place pour les personnalités multiples et la fanfare m'allait comme un gant. Sans elle, je serais devenue l'une de ces personnes tristes et mal dans leur peau qui s'assoient toutes seules à la cafèt', et se débinent dans les couloirs comme des bernard-l'ermite en espérant qu'on ne les remarque pas.

Pour célébrer le premier jour de la rentrée, toutes les filles populaires de terminale portaient un T-shirt de starlette qu'elles avaient préparé pendant l'été. Dessus, un truc débile du genre : *Je suis la princesse de la Terminale B.* C'était tellement naze que j'avais du mal à les regarder sans avoir envie de vomir.

Personne ne m'avait suggéré de me faire moi aussi un T-shirt, ce qui était assez révélateur de ma relation avec le groupe des élèves « en vue ».

Je n'étais pas vraiment *impopulaire* ou activement détestée. Non, c'était plutôt que je n'apparaissais absolument jamais en dehors de la fanfare, comme si j'avais été volontairement invisible. J'allais en cours, j'essayais de coopérer dans les projets de groupe, je faisais de mon mieux pour les interros et j'ignorais tout le reste. Je faisais ce qu'il fallait pour m'en sortir avec le minimum de traumatismes. Et si être un « Individu Non Identifié » signifiait ne prendre part à aucune des expériences « typiques » du lycée, y compris les *slam books*[1], ça n'allait pas m'empêcher de dormir.

En ce premier jour de rentrée, je sentais les autres terminales babiller autour de moi, survoltés à l'idée d'être les élèves les plus âgés du lycée et tourneboulés par le fait que c'était notre dernière année. Ce qui, bien sûr, avait des implications fabuleuses et surexcitantes, comme organiser

1. Cahiers ou blogs qui circulent d'élève à élève afin que chacun réponde à la question de départ (sur n'importe quel sujet).

la *prom*[1] de fin d'année et peut-être faire partie des prétendants aux titres de roi et de reine du *homecoming*[2]. J'aurais encore préféré demander à ma mère de m'amener me faire épiler. Du coup, je ne voyais pas pourquoi cette année serait plus sympa ou différente des autres.

Et puis, bon, ce qui était en train de se passer n'était pas un secret défense. J'avais déjà vu le même scénario se dérouler avec les terminales de la fanfare les autres années : cette étrange camaraderie de fin de règne qui apparaît à l'orée de cette dernière année magique lorsque tout le monde se rend compte que l'époque du lycée sera bientôt du passé. On prétendait ne pas avoir passé les trois dernières années enfermés dans sa boîte adorée et, tout à coup, des filles qui s'ignoraient depuis l'école primaire tombaient dans les bras les unes des autres, la larme à l'œil, en se disant que « c'était les meilleures années de leur vie » ou un truc du genre. Beaux joueurs, les nerds 4.0 laissaient les footballeurs copier sur eux. Des geeks de la fanfare finissaient par être élus à la cour du *homecoming*, comme Nathan Armstrong quand j'étais en troisième, juste après m'avoir pulvérisée en public.

---

1. Grand bal traditionnel de fin de terminale. Il est entouré de nombreux rituels : les garçons invitent une cavalière, filles et garçons sont en tenue de soirée, les couples se rendent parfois au bal en limousine et des photos officielles commémorent la soirée.

2. Week-end où tous les anciens d'un lycée se retrouvent à l'occasion d'un match de football américain. Selon les écoles, il peut aussi y avoir un bal, plus ou moins habillé, et des festivités la semaine précédente. Les élèves élisent entre eux un roi et une reine du *homecoming*.

C'était n'importe quoi, évidemment. Après s'être traités comme des serpillières depuis la troisième, les terminales essayaient de se rattraper pour empocher leur diplôme et filer à la fac sans mauvaise conscience.

Et puis, j'avais du mal à croire que les années lycée puissent être les meilleures de ma vie. C'était trop déprimant.

De toute façon, je n'avais qu'une seule chose en tête à chaque rentrée : la fanfare, encore la fanfare, toujours la fanfare. Le reste de l'école n'y pensait en revanche que les jours de match, lorsque nous défilions dans les couloirs pour galvaniser tous les élèves (enfin, surtout pour les faire sortir dix minutes plus tôt). En dehors de ça, notre groupe passait complètement inaperçu. Et on ne s'en portait pas plus mal. Ceux qui sont attirés par la fanfare préfèrent généralement qu'on les oublie plutôt que participer à la chaîne alimentaire d'un lycée.

Jake, l'allure soignée dans son pantalon en coton impeccablement repassé, nettement moins sale que la dernière fois que je l'avais vu au stage, m'a rattrapée dans le couloir en allant au cours d'anglais.

Il a essayé de me charmer avec un grand sourire, mais je ne me suis pas laissé avoir. S'il pensait pouvoir s'en sortir comme ça après le coup du nouveau, il se mettait le doigt dans l'œil.

– Comment ça va ? m'a-t-il demandé, comme s'il ne se rendait pas compte que mes yeux le mitraillaient de rayons mortels. Tu es vachement mignonne aujourd'hui.

Il m'a reluquée de haut en bas – le truc trop nul – et j'ai croisé les bras sur ma poitrine, sur la défensive. J'avais le même look que d'habitude, en T-shirt et jean, les cheveux attachés en queue de cheval. Il faisait manifestement de son mieux pour m'amadouer.

– Ça irait carrément mieux, Jake, si je ne me retrouvais pas avec un bizuth dans ma section trois jours avant le premier match.

La veille au soir, une fois mes lèvres épuisées d'avoir trop joué, j'avais bossé tard sur les schémas de défilé pour essayer d'y intégrer ce fameux nouveau.

C'était hyper-compliqué, mais, avec une règle et un compas, j'avais fini par lui faire une place en resserrant les autres musiciens. Et maintenant ils allaient se cogner les coudes et se rentrer dedans sur la pelouse : exactement ce que je voulais éviter.

On ne pouvait pas ajouter un corps d'un coup de baguette magique dans des configurations déjà rigoureusement et méticuleusement calculées et espérer que personne ne remarque rien. Et, en plus, je ne savais même pas si celui-là était capable de défiler.

Défiler en jouant d'un instrument n'est pas aussi simple qu'il y paraît, vous savez. Ce n'est pas donné à tout le monde, même avec beaucoup d'entraînement. D'abord, la posture doit être parfaite, genre je peux marcher avec un livre sur la tête. Ensuite, il faut être à sa place précise dans la formation, pour que la fanfare ne ressemble pas à un troupeau de moutons éparpillés sur la pelouse. Après, chacun doit savoir exactement où il doit aller sans regarder son voisin ou lui rentrer dedans. Et, pour couronner le tout, il faut jouer de son instrument (ce qui n'est déjà pas si simple même quand on est assis sur une chaise dans une salle de classe) tout en gardant le rythme avec les mouvements des pieds.

En fait, il est indispensable de s'être beaucoup entraîné pour défiler et jouer sans tomber ou accumuler les fausses notes, d'où la nécessité absolue de participer au stage de préparation avant la rentrée. Il fallait que je voie Connor le faire de mes propres yeux, pour croire qu'il en était capable.

– Ce n'est pas ma faute si Connor est dans la fanfare, a répliqué Jake, les yeux pétillants, alors qu'on esquivait un groupe de troisièmes un peu perdus. Même M. Barr a dit qu'il avait appris son arrivée le dernier jour du stage. Le mec s'est pointé, il a expliqué qu'il s'était fait accompagner par les parents de Cassie, la rouquine de seconde qui joue de la flûte, ça doit être sa voisine. Reconnais qu'il a fait l'effort de venir jusqu'ici. Il faut des tripes, quand même.

Nous étions à présent devant la porte de la salle de M. Anderson. J'ai posé les mains sur mes hanches et j'ai lancé à Jake mon regard le plus meurtrier. Pas question de reconnaître un quelconque mérite à ce Connor.

– On n'a pas besoin de lui. C'est ce que tu aurais dû dire à M. Barr, ai-je insisté. C'est le boulot d'un tambour-major, tu sais. Écouter ses chefs de section, prendre en compte leurs conseils et ne pas tout foutre en l'air en courant et en s'agitant dans tous les sens.

– Et tu sais quoi ? En fait, les chefs de section sont censés écouter le tambour-major, a rétorqué Jake avant de s'esclaffer. Ellie, c'est la fanfare du lycée ! Au cas où tu n'aurais pas encore remarqué, il n'y a pas des masses d'élèves qui viennent frapper à notre porte pour nous rejoindre. On a besoin de tous ceux qui veulent en faire partie.

– Ah vraiment, c'est comme ça ? ai-je brusquement répliqué. Eh bien, je saurai à qui m'adresser quand nos chorés vont foirer et que ce morveux ira à droite au lieu d'aller à gauche et qu'on aura tous l'air ridicules sur le terrain. La *qualité* est plus importante que la *quantité,* tu sais. À moins que tu sois trop débile pour comprendre ça ? ! Bonjour les priorités, Jake.

Il a simplement pincé les lèvres et lentement secoué la tête, et, là, j'ai bien vu que j'étais allée trop loin. Depuis que Jake était devenu tambour-major l'année précédente et avait fait la preuve de qualités d'organisateur insoupçonnées, j'étais sûrement la seule personne qui osait encore lui faire des reproches au sujet de la fanfare.

Je n'allais pas me mettre à le vénérer parce qu'il savait se servir d'un sifflet et se tenir sur un escabeau en moulinant des bras !

Ça ne voulait pas dire pour autant que je ne respectais pas Jake. J'étais la première à reconnaître qu'il était parfait dans son rôle, surtout pour se faire écouter sans hurler ou faire pleurer qui que ce soit. Mais bon, il n'aurait jamais pu sortir de sa trompette des *do* aussi éclatants que les miens. C'est bien pour ça qu'il avait quitté la section pour tenter sa chance en tant que tambour-major.

D'une certaine façon, nos talents étaient complémentaires. Pendant le stage, des troisièmes de ma section s'étaient marrés en déclarant que Jake et moi ferions un couple parfait : le mec cool et la peau de vache. Ce qui avait valu des tours de terrain à ces petits malins, évidemment. Plusieurs tours chacun, même.

– Écoute, tu sais bien que j'attends ce moment depuis la troisième ? ai-je continué en faisant de gros efforts pour avoir l'air moins en colère que je ne l'étais. C'est hyper-important pour moi. Être enfin arrivée là et me retrouver avec un nouveau dans les pattes qui débarque après le stage ne faisait pas partie du plan. Et tu sais bien que j'adore les plans.

Le visage anguleux de Jake s'est adouci et il a passé sa main calleuse dans les boucles de ses cheveux bruns.

– Moi aussi, j'aime les plans, Ellie. Et moi aussi, j'ai attendu cette année, plus que tu l'imagines, a-t-il dit. Mais, s'il te plaît, donne une chance à ce mec... pour me faire plaisir. Tu me connais, je ne te le demanderais pas si ce n'était pas important.

– Mais pourquoi c'est si important ? ai-je insisté en tapant légèrement du pied.

Il m'a regardée, me suppliant de ses yeux chocolat :

– Parce que je vais passer pour une tache aux yeux de M. Barr et du reste de la fanfare si la plus importante et la plus talentueuse de mes chefs de section est furax. Ça signifie que je ne suis pas un bon chef et que je ne mérite peut-être pas le job. Tu vois ce que je veux dire ?

Je me suis frotté la tempe avec la paume de la main, sentant les premiers signes d'un mal de tête. Jake savait s'y prendre. N'importe qui d'autre m'aurait demandé un truc pareil, je lui aurais ri au nez et suggéré d'aller vérifier l'état de ses neurones. Mais j'étais incapable de dire non à mon meilleur ami. Surtout quand il me regardait avec un air aussi... suppliant. Et quand il me passait de la pommade sans se cacher.

– Bon, ai-je fait. Mais, s'il est nul, il dégage, point-barre.

– Marché conclu, a répondu Jake un peu trop rapidement. À tout à l'heure, à la répèt' !

Il m'a souri, visiblement content d'avoir obtenu ce qu'il voulait, et a filé. Je l'ai vu faire un signe de victoire avec son poing comme s'il venait de gagner quelque chose.

J'ai soupiré et suis entrée en classe en cherchant une bonne place. Bien sûr, il n'en restait plus qu'une, à côté d'une blonde vêtue d'un T-shirt de princesse. Jenny Murphy, pour être précise. Elle ne m'avait plus adressé la parole depuis le troisième jour de la sixième, même si on avait été dans plusieurs cours ensemble. J'ai laissé échapper un petit grognement et suis allée m'asseoir.

Jenny s'est tournée vers moi et m'a décoché un de ces sourires hypocrites de terminale.

– Oh, salut, Ellie ! a-t-elle dit d'une voix mielleuse.

Avant que j'aie pu imprimer que Jenny Murphy était en train de me parler, elle a rapidement pivoté vers la fille de l'autre côté, Becca Myers. Je me souvenais très clairement que celle-ci m'avait traitée de grosse nulle en me croisant dans le couloir, avant le premier match de football de la saison, quand on était en seconde. Mais non, je ne faisais pas une fixette dessus.

– J'espère qu'on ne va pas faire des projets en groupe dans ce cours, a murmuré Jenny.

Je pensais exactement la même chose.

Chapitre 5

Pendant la saison, la fanfare se retrouvait après la quatrième heure de cours. On répétait directement sur le terrain de football, un espace plus ou moins plat d'herbe en bataille avec des lignes marquées à la chaux qui s'effaçaient à peine quelques jours après leur apparition. Les résultats de notre équipe de football n'avaient jamais été assez convaincants pour que le conseil d'administration de l'école décide de rénover le terrain, et joueurs de foot craignos et fanfare devaient tous faire avec.

Je suis sortie la première du cours de biologie. Je me suis immédiatement précipitée pour prendre ma trompette et mes partitions dans le vestiaire de la fanfare et j'ai pratiquement piqué un sprint afin d'être la première de ma section sur le terrain. J'aimais bien être celle qui attendait les autres.

Mes quinze trompettistes, tous des vétérans maintenant que le stage de préparation était passé, se sont pointés au repère habituel sur la ligne de touche et sont restés en groupe à quelques mètres de moi à bavarder tandis que je feuilletais mes partitions. Ils ne m'ont pas regardée et je ne les ai pas regardés non plus... Je ne les avais jamais vraiment encouragés à se montrer sympas avec moi.

Le chef de la section trompettes de l'année dernière, un mec qui s'appelait Nick, voulait que tout le monde l'adore. Pitoyable ! Bilan des courses : la section était un bazar sans nom. Les élèves chuchotaient alors qu'ils étaient au garde-à-vous, ne connaissaient jamais vraiment leurs morceaux et Nick ne leur avait jamais fait un seul reproche. Au contraire, la plupart du temps il faisait l'imbécile avec eux. N'importe quoi.

Du coup, en comparaison, je devais passer pour une sadique, mais je savais déjà que l'on serait largement meilleurs. C'était très compliqué d'être cool quand je devais leur crier dessus ou leur faire faire des tours de terrain, toujours dans leur intérêt, bien sûr.

Heureusement, j'étais la plus vieille de la section. À l'exception de Brandy Jenkins évidemment, mais elle était si nulle dans la fanfare qu'elle ne comptait pas pour une terminale. Faire la chef avec des élèves plus jeunes que moi était beaucoup plus facile ; la plupart du temps, un seul regard sévère suffisait à les intimider. Du coup, je me demandais comment allait évoluer la dynamique du groupe avec l'arrivée d'un autre terminale comme Connor. Est-ce qu'ils allaient l'écouter, lui, plutôt que moi ?

Cela me donnait une autre raison d'espérer qu'il ne soit pas au niveau.

Et voilà, quand on parle du loup... Connor est arrivé, hyper-canon dans son jean baggy, son T-shirt blanc immaculé qui soulignait sa peau dorée, avec sa trompette dans une housse en bandoulière à l'épaule. Je me suis détournée, espérant qu'il ne m'adresserait pas la parole. Je ne voulais pas *m'attendrir* ou un truc du genre.

– Salut, Ellie, a-t-il simplement lancé en passant devant le reste de la section.

Ils se sont tous tus, ils ne faisaient même pas semblant de ne pas écouter. Je savais que, grâce à la textoïte obsessionnelle de Kristen, la rumeur s'était répandue comme une traînée de poudre dans la fanfare : tout le monde savait que j'avais piqué une crise devant Jake et M. Barr suite à l'arrivée d'un nouveau trompettiste alors que le stage était terminé. Ma section s'attendait sûrement à ce que je lui règle son compte.

– Oh... salut, Connor, ai-je lâché en lui jetant un vague coup d'œil, comme si j'avais été trop absorbée par mes partitions pour le voir venir.

On est restés plantés là dans un silence gêné, lui avec un sourire bêta et moi faisant de mon mieux pour ne rien laisser paraître. « Sois sympa, c'est pour Jake, ai-je dû me rappeler. Ne dis rien de méchant. Ne fais pas de scène. »

– Alors, ça va ? a-t-il finalement demandé quand il est devenu évident que je n'allais pas lancer la conversation. La rentrée et tout ?

– Super, ai-je brièvement répondu, en roulant les yeux.

Je ne voulais pas qu'il s'imagine qu'on allait devenir copains. Surtout que je voulais le virer. Enfin, une grande partie de moi voulait le virer... et tout le reste était obsédé par la façon dont son T-shirt le mettait en valeur.

– Écoute, Connor, je ne veux pas que tu te fasses trop d'illusions.

– Sur quoi ?

– Sur le fait d'intégrer la fanfare. On ne sait toujours pas si tu trouveras ta place et si tu pourras tenir le même rythme que nous, tu vois ? Il y a un niveau minimum à avoir.

Son visage s'est légèrement affaissé et j'ai immédiatement ressenti une petite pointe de culpabilité. Je l'ai vu jeter un coup d'œil au reste de la section qui écoutait ouvertement notre conversation.

– Enfin, je veux dire, ne te fais pas trop de bile..., ai-je poursuivi avant de m'arrêter en cours de phrase, la première surprise par ce que je venais de dire.

Mais, bon sang, pourquoi j'essayais de le ménager ? C'était ma section qui était en jeu, là !

– Je ferai de mon mieux pour ne pas te décevoir, a-t-il déclaré avec sérieux.

Il me regardait avec la même intensité que juste avant de me faire rater mon solo, comme s'il me connaissait depuis toujours. J'ai senti mes joues s'empourprer.

– Très bien ! ai-je répondu en espérant paraître assez enthousiaste.

Je voulais m'éloigner de lui, il me faisait perdre mes moyens, et je détestais ça.

– Il faut que... j'aille parler à Jake.

– OK, à plus ! a-t-il lancé d'une voix incertaine alors que je filais déjà.

Jake et M. Barr étaient en train d'étudier des schémas de défilé près du podium quand je suis arrivée d'un pas raide. Jake m'a regardée et a haussé les sourcils, me suppliant silencieusement de ne rien dire au sujet de Connor devant M. Barr.

– Oh, bonjour, Ellie. (M. Barr a levé les yeux.) Ça tombe bien, je voulais te parler. Au sujet du solo à la fin du stage...

Mon cœur a fait un bond, mes mains se sont involontairement resserrées et j'ai complètement oublié Connor. Je suis immédiatement passée en mode qui-vive, prête à me défendre comme si quelqu'un m'avait physiquement menacée.

– Je suis vraiment désolée de l'avoir loupé, ai-je lâché en un seul souffle avant qu'il ait le temps de dire quoi que ce soit. Ça n'arrivera plus. J'ai répété toute la nuit et je sais que je le maîtrise parfaitement maintenant.

– Je n'en doutais... heu... doute pas, a répondu M. Barr, en levant les mains comme s'il essayait de repousser l'attaque d'un pit-bull. Mais j'ai décidé que ton solo ne ferait pas l'ouverture du match de vendredi.

– Quoi? ai-je demandé avec l'estomac soudain plombé.

J'ai lancé un regard consterné vers Jake. Est-ce qu'il était au courant? Il a légèrement secoué la tête: non, il n'était pas au courant.

– Je crois que c'est un peu trop demander pour un début, a poursuivi M. Barr. J'ai l'impression que cela te met trop de pression et j'aimerais m'assurer que tu puisses le jouer sans problème, complètement à l'aise. Donc, on va le planifier pour le prochain match, pour le *homecoming*, tu sais ? Dans trois semaines.

J'ai acquiescé en silence, déçue, espérant que personne d'autre n'avait entendu la conversation. Ils apprendraient assez tôt la nouvelle : dès la première répétition, quand ils me verraient ne pas prendre place sur la pelouse.

Et voilà pour ma gloire du premier match ! Tout ça à cause de cette première note débile qui avait tout fait foirer. Et je savais exactement à qui en vouloir.

M. Barr a posé une main paternelle sur mon épaule :

– Le *homecoming* sera une très belle occasion, tu sais. Tous les anciens du lycée seront là. Et je suis certain que tu seras encore meilleure d'ici là, pas vrai ?

J'ai pris une expression penaude, mais à l'intérieur je commençais à bouillir. C'était vraiment injuste !

On est restés là tous les trois, debout, gênés. Je refusais de regarder l'un ou l'autre et je savais pertinemment qu'ils attendaient un signe de ma part comme quoi je n'allais pas piquer une crise ou me mettre à hurler. Tant mieux, qu'ils mijotent un peu ! Bien fait pour eux, ils n'avaient qu'à ne pas me prendre la seule et unique chose dont je rêvais cette année.

– Bon, on commence la répétition ? ai-je finalement demandé, une fois que j'ai estimé qu'ils avaient assez mariné dans leur jus.

Il fallait au moins prouver que j'étais capable de diriger une section. Y compris d'en éjecter quiconque n'y avait pas sa place.

Ils ont opiné du chef, visiblement soulagés, et Jake a demandé au groupe de se mettre en rang pour l'échauffement.

Tout le monde a lentement pris position. J'ai jeté un coup d'œil furtif et j'ai vu Connor en train de parler à Brandy Jenkins, sans l'ombre d'une inquiétude. Elle entortillait une mèche de cheveux autour de son doigt en gloussant. J'étais déjà royalement énervée par cette journée et cela m'a encore plus crispée. Il aurait au moins pu faire semblant de s'inquiéter de son futur dans la fanfare et se retenir deux secondes de jouer les jolis cœurs.

– Hé, Connor. Viens à côté de moi, ai-je crié sèchement. Tout le monde dans un rayon de six mètres s'est alors retourné bouche bée vers moi, puis vers lui.

Ah, l'humiliation publique ! C'est peut-être la meilleure arme d'un chef.

– *Et que ça saute !*

Brandy s'est retrouvée à la traîne ; l'irritation se lisait sur son visage pincé. Connor m'a rejointe à petites foulées. L'espace d'un instant, tout autour de moi s'est effacé, il ne restait plus que lui, qui approchait vers moi, les yeux brillants, avec un sourire légèrement espiègle. Complètement barré, le mec. Comme si ça lui faisait plaisir de se faire engueuler !

Je mourais d'envie de faire disparaître ce sourire agaçant de son beau visage. C'était quand même à cause de lui que j'avais l'impression d'être à l'ouest et de flotter trois mètres au-dessus du sol ! J'étais complètement à côté de mes pompes.

– Normalement, tu devrais être en fin de section, l'ai-je brièvement informé en pointant le doigt vers le bout de la rangée où se tenait le musicien de troisième le moins bon. Vu que tu n'étais pas aux auditions du stage, tu as le dernier emplacement. Mais aujourd'hui il faut que je sache si tu peux jouer et si tu es au niveau pour rester avec nous.

J'espérais que ça le ferait flipper, mais il n'a pas bronché. Il a juste hoché la tête et s'est mis dans le rang, totalement détendu.

Tandis que Jake dirigeait une gamme d'échauffement, j'ai marché le long de ma section, m'arrêtant devant chaque élève pour qu'il puisse accorder sa trompette sur la mienne. J'ai terminé avec Connor. Il me fixait intensément tout en soufflant dans son instrument, ses yeux plongés dans les miens, sans sourciller. Je l'ai mitraillé du regard, bien décidée à ne pas me laisser troubler.

En fait, il se débrouillait bien. Il a facilement accordé sa trompette sur la mienne et a joué avec un ton chaud et feutré qui s'est parfaitement intégré au reste de la section. Comme s'il avait toujours été là.

Cela m'a d'autant plus agacée. Il aurait au moins pu me faire plaisir en jouant comme une chèvre.

Comme il y avait quelques élèves dans les autres sections qui n'avaient pas participé au stage de préparation (mais, au moins, c'était des « anciens » de l'année précédente, eux), on a rapidement passé en revue le morceau qui devait ouvrir le match pour que tout le monde soit au niveau. Tandis que je décrivais à toute allure les enchaînements à Connor, il acquiesçait consciencieusement, sans poser de questions. J'étais persuadée qu'il serait incapable de tout assimiler et j'étais prête à le corriger à chacun de ses faux pas.

Mais le bonhomme savait défiler, et mieux que les élèves de troisième qui avaient participé au stage de préparation. À l'exception de quelques petits faux départs, il entrait parfaitement dans le rang et respectait rigoureusement la cadence sans regarder ses pieds.

Ce n'était pas rien : même moi, j'avais parfois du mal à le faire.

Je suis sortie du groupe pour l'observer de loin.

– Connor, monte tes genoux ! ai-je hurlé, jubilant en secret d'avoir trouvé quelque chose à reprendre tandis qu'il défilait sur le terrain.

Il ne s'est pas décontenancé pour autant et s'est corrigé sans trébucher. Je ne pouvais m'empêcher de remarquer son dos bien droit et la vigueur de ses épaules dans la posture rigide du défilé, les coudes bien hauts. Il n'avait rien d'un gamin maigrelet et immature. Je me suis dit que la fanfare de son ancien lycée devait assurer. Il avait peut-être même postulé pour être tambour-major. Il devait vraiment être en terminale.

Et une partie de moi s'est même généreusement mise à penser que ça pourrait être sympa d'avoir un autre terminale doué, pour montrer l'exemple, surtout avec cette nulle de Brandy Jenkins dans la section. Je ne pouvais pas être partout à la fois.

Jake est venu se poster à côté de moi pour regarder le groupe et m'a arrachée à ma rêverie.

– Hé, il est pas mal du tout pour un nouveau, a-t-il lâché avec un petit mouvement de tête vers Connor.

– Mouais, ai-je reconnu à contrecœur.

Je refusais d'admettre que la découverte des talents de Connor contrariait sérieusement mon plan pour l'éjecter de ma section. Même s'il avait vraiment l'air d'avoir un super niveau.

Jake m'a regardée avec un petit sourire narquois :

– Tu voulais qu'il se plante, hein ?

– Mais de quoi tu parles ? ai-je répliqué sèchement. Pourquoi je voudrais un truc pareil ? Je veux que ma section soit la meilleure, c'est tout, comme d'habitude.

Jake a levé les yeux au ciel :

– Tu es tellement prévisible.

Je me suis brusquement appuyée contre son épaule et l'ai déséquilibré. Il a trébuché, puis il a ri :

– Hé ! Pas besoin d'être violente !

– Tu l'as cherché, ai-je rétorqué, les yeux à nouveau rivés sur Connor comme si nous étions les pôles opposés d'un aimant.

– Pourquoi ?

– Parce que tu ne m'écoutes pas.

– Ou plutôt parce que je t'ai prouvé que tu avais tort, pauvre nouille, a-t-il lancé. Tu es juste verte qu'un mec de seconde soit aussi bon.

Je me suis figée :

– Un... quoi ? Qui ?

– Un mec de seconde. Connor. Le grand mec là-bas que tu fusilles du regard depuis tout à l'heure.

– Connor est en *seconde* ? ai-je couiné en regardant Jake d'un air ahuri.

C'était impossible. Il donnait l'impression d'avoir vingt ans et de défiler depuis des années !

Jake m'a simplement regardée en plissant les yeux :

– Ouais, tu ne savais pas ?

– Non, on ne m'a rien dit.

J'ai à nouveau détaillé Connor. Son visage et son corps n'avaient rien à voir avec ceux des autres secondes sur le terrain. Ils avaient tous l'air de petits garçons à côté de lui. Ses épaules étaient trop larges, son visage trop... masculin. Mince alors, on voyait bien qu'il devait se raser régulièrement !

– C'est quoi, ce truc ? Il a redoublé toutes les classes depuis le primaire ?

Jake a lui aussi observé Connor :

– Non. Hier, il nous a dit qu'il avait quinze ans. Je crois que c'est un de ces mecs en avance. Tu sais, un beau gosse qui fait dix ans de plus que son âge.

Il a ri tout seul de sa remarque.

– C'est nul, ai-je murmuré, sans réfléchir.

Je ne pouvais pas continuer à penser de la sorte à un mec de seconde. C'était impossible.

– Quoi ? Pourquoi ? a demandé Jake d'un air suspicieux.

– Oh, parce que... (Mon cerveau carburait à toute allure.) Juste parce que... je croyais qu'il était plus vieux.

– Qu'est-ce que ça peut faire ? Tu as flashé sur lui ou quoi ?

– Mais non ! Ça va pas, la tête ?! Ça n'a aucune importance, d'accord ? ai-je répliqué vertement. Je suis surprise, c'est tout.

Jake se retenait clairement d'exploser d'un rire hystérique. Sa poitrine était secouée de tremblements.

– Ouaip, c'est qu'un seconde de quinze ans, a-t-il fait en maîtrisant son rire. Un gamin, quoi.

– Exactement, un gamin, ai-je répété.

Juste un autre gamin qu'il allait falloir se traîner comme les autres. Un autre petit jeune. Qui ne me servirait à rien du tout dans la section, même s'il jouait bien de la trompette.

J'ai poussé un soupir mélancolique. Mais pourquoi Connor ne m'avait-il pas dit qu'il était en seconde la première fois que l'on s'était rencontrés ? Bien sûr, je ne lui avais pas explicitement demandé son âge, mais il semblait avoir au moins dix-huit ans. Il n'aurait pas dû se pointer comme ça, en cachant son âge. Ne pas dire certaines choses revient tout bonnement à mentir. C'est aussi nul.

J'ai jeté un œil sur le côté et j'ai vu M. Barr qui nous regardait ostensiblement, Jake et moi. Sans rien dire d'autre au « destructeur officiel de mon béguin secret », je me suis éloignée pour corriger la posture d'un élève de troisième.

Chapitre 6

Ce premier soir de lycée, j'ai rejoint Jake et Kristen à l'Espresso Café. C'était notre tradition à tous les trois : nous retrouver pour évoquer le stage et préparer le suivant. Mais, maintenant, on était en terminale, et l'année prochaine, à cette époque, on serait à l'université, peut-être même aux quatre coins du pays, et de plus jeunes s'occuperaient de la fanfare à notre place. Cette idée nous déprimait.

– Au moins, c'était une bonne blague, a soupiré Kristen, en touillant distraitement la crème chantilly dans son chocolat chaud.

– Ouais, c'était génial, a soufflé Jake d'un air rêveur, en fermant les yeux comme si c'était son meilleur souvenir.

Il a fait semblant de poser sa tête sur l'épaule de Kristen.

Elle a souri et a laissé aller la sienne sur celle de Jake.

La semaine précédente, pour la farce traditionnelle des terminales, les vingt élèves concernés de la fanfare avaient entièrement recouvert le kiosque à musique de plusieurs couches de film plastique. Ils y avaient passé la nuit et, même s'ils étaient morts de fatigue le lendemain, cela en avait valu la peine. M. Barr en personne avait été impressionné ; bon, on avait quand même eu droit à la punition classique : un tour de terrain, que l'on avait accompli sous les hourras du reste de la fanfare.

– Ils ne feront jamais mieux l'année prochaine, ai-je renchéri.

– Nan, a dit Jake avec un sourire, en levant sa tête de l'épaule de Kristen. Impossible, les premières manquent sérieusement d'imagination.

On est restés silencieux un petit moment, perdus dans la nostalgie du stage, ce moment passé que nous ne revivrions jamais. La plupart des gens ne voyaient pas ce qu'il pouvait y avoir d'amusant à vivre dans des bungalows crasseux, à répéter des chorégraphies de défilé hyper-compliquées sous le soleil, et à longueur de journée, tout en faisant beugler nos instruments sur des morceaux de musique appris par cœur.

Pourtant, pour nous, c'était une sorte de paradis. Le paradis des fanfareux.

– De toute façon, la fanfare assure grave cette année, c'est sûr, a souligné Jake. Je veux dire, il n'y a pas de boulet, pas vrai ?

Je lui ai lancé un regard noir :

– Il n'y a peut-être pas de boulet, mais il y a du passage en force.

– Tu es toujours remontée à cause de Connor ? a demandé Kristen.

– Je ne suis pas remontée, ai-je répliqué d'un ton pas vraiment serein. C'est juste que... je n'aime pas quand on ne vient pas au stage de préparation. Ça fiche tout le reste de l'année en l'air.

Sans parler du fait que l'élève en question était une sorte de sublimissime mutant bien plus canon et sexy qu'il n'était permis de l'être à un élève de seconde.

– Je suis sûr que tout ira bien, a assuré Jake. Il m'a semblé pas mal du tout à la répèt' cet aprèm'. Surtout pour un seconde. Non, sérieux, vraiment pas mal pour un mec de quinze ans.

Pourquoi fallait-il qu'il mentionne tout le temps l'âge de Connor ? On aurait dit qu'il le faisait exprès ou qu'il se fichait de moi.

– Et, même s'il est nul, il est méga-canon, a lancé Kristen en riant. Ça ne peut pas faire de mal !

– Ça ne me fait aucun bien à moi, ai-je marmonné sur un ton sinistre en appuyant le menton sur ma main.

Je n'arrivais pas à rester insensible au charme super-sexy de Connor et ça me perturbait.

– C'est dérangeant et crispant, ai-je ajouté.

Ils se sont regardés, puis ont ricané.

– Quoi ? ai-je demandé en me renfrognant.

– Ellie, t'es vraiment pas normale, a lâché Kristen en secouant la tête d'un air incrédule. Il n'y a vraiment que toi pour trouver qu'un mec est crispant parce qu'il est canon.

– Mais c'est vrai ! ai-je répondu sur la défensive. Il est vraiment agaçant. Maintenant, les petites dindes de troisième vont le suivre partout, il va y avoir des drames, des cœurs brisés et ça va être le binz.

– Hem, m'a interrompue Jake qui se tapotait la joue du doigt en feignant de se concentrer. Ça me rappelle une autre petite troisième, il y a longtemps, qui avait eu un béguin terrible pour un trompettiste canon. L'histoire se répéterait-elle ?

Je l'ai mitraillé du regard, le visage soudain en feu :

– Arrête ça tout de suite.

Je n'arrivais pas à croire que Jake puisse me balancer à la figure cette histoire avec son enfoiré de frère. C'était une chose qu'on parle dans mon dos de mon coup de cœur débile et destructeur et de l'humiliation qui allait avec (ça remontait quand même à trois ans), mais c'en était une autre qu'on me le rappelle en personne. C'était comme si j'avais eu un poids bien évident, aussi gros qu'une planète, enchaîné en permanence à ma cheville.

La torture était particulièrement atroce lorsque Nathan revenait au lycée pour écouter Jake jouer à l'occasion des matchs. Je savais que tout le monde m'observait, curieux de voir si j'allais réagir à sa présence. Si je n'allais pas me baver dessus, courir aux toilettes en pleurant ou un truc du genre.

J'avais vraiment les boules.

C'est pour ça que, depuis la troisième, je ne risquais plus de confier à qui que ce soit que quelqu'un me plaisait. D'ailleurs ça n'était pas arrivé. Que quelqu'un me plaise, je veux dire.

Bon, d'accord, je n'avais encore jamais eu de vrai petit copain. Ce n'était pas la fin des haricots non plus ! Et d'abord, qui avait vraiment envie de se taper tout ce mélo au lycée ? Tout le monde se mêle des affaires des autres, se raconte les potins et fait circuler les rumeurs. J'ai vu *Mean Girls*, moi aussi. Ça faisait un moment que j'avais décidé que le plus simple était de rester en dehors du petit jeu des « histoires de cœur ». Et, comme j'étais certaine qu'aucun mec sain d'esprit du lycée ne sortirait avec une fille sûrement plus forte que lui à la bagarre, cela n'avait pas été très difficile à éviter. Je ne pouvais pas dire que je refusais des tonnes d'invitations.

De toute façon, maintenant que j'étais en terminale, le réservoir des garçons qui avaient encore leur chance était presque à sec. Et, je l'ai déjà dit, je ne risquais pas d'aller courir après un gamin plus jeune que moi. Même s'il était hyper-canon comme Connor.

J'aurais préféré qu'il n'occupe pas autant mes pensées.

– Ça va, ne t'excite pas. C'est de l'histoire ancienne, a repris Jake, essayant de détendre l'atmosphère d'un rire et d'un haussement d'épaules. Pourquoi tu es toujours autant sur la défensive là-dessus ?

– Tu n'as toujours pas pigé qu'il ne fallait pas dire devant Ellie qu'il y a parfois des gens qui se plaisent ?! a grincé Kristen. Elle n'aime pas qu'on lui rappelle qu'un jour elle a eu des sentiments.

– Pauvres nazes, ai-je marmonné en remuant énergiquement ma limonade.

Et ils se demandaient pourquoi je ne leur avais jamais rien raconté de ma vie amoureuse (même si elle était complètement inexistante) ?

– Sérieusement, Ellie, pourquoi tu es toujours aussi obsédée par Nathan ? m'a demandé Jake avec un regard qui oscillait entre l'amusement et l'inquiétude. Vraiment, ça date maintenant. Et il n'en a jamais parlé, en plus.

– Mais je ne suis pas obsédée ! ai-je rétorqué aussi sec. C'est vous qui ramenez toujours ça sur le tapis. Ça fait un moment que je suis passée à autre chose.

– Alors, pourquoi tu n'es jamais sortie avec personne ? m'a demandé Kristen en coulant une brève et furtive œillade à Jake, qui lui a répondu en haussant les sourcils.

Des bribes d'informations semblaient circuler entre eux à la vitesse de l'éclair.

Mon regard noir s'est braqué sur l'un puis sur l'autre :

– Qu'est-ce qui se passe, là ? C'est un coup de force ? Je suis supposée m'effondrer en larmes et vous avouer que je priais pour que quelqu'un me mette face à mes problèmes ?

Jake et Kristen se sont à nouveau jeté un coup d'œil avant de se détourner. C'était clair : ils avaient déjà discuté du sujet dans mon dos. Pauvres nouilles.

– Ben, allez-y, lâchez-vous, ai-je lancé avec un geste de la main et un soupir. Dites ce que vous avez envie de dire, allez. Je peux encaisser.

Ils ont tous les deux baissé le nez dans leur verre afin d'éviter mon regard.

– Je crois, a fini par dire Kristen, que tu devrais simplement être plus ouverte aux... choses. Tu vois, aux autres, quoi. Ça te ferait vachement de bien, tu sais.

Je n'ai pas pu m'empêcher d'exploser de rire. Kristen et Jake qui me faisaient la leçon, c'était le comble !

– Ah ouais, comme si vous étiez des experts, peut-être ? Kristen, tu n'es même pas fichue de sortir avec un mec plus longtemps qu'une semaine. Et *toi*, ai-je rétorqué en fusillant du regard Jake, qui s'est immédiatement redressé sur sa chaise comme si je lui avais envoyé un électrochoc, on ne peut pas dire que tu aies plus d'expérience que moi en la matière.

– Comme tu voudras. Mais j'ai déjà essayé, au moins, a-t-il brièvement répondu.

Effectivement, il était sorti avec quelques filles quand on était en troisième et seconde, mais depuis il déclarait être trop occupé pour avoir une histoire. Au grand désespoir de la moitié des minettes de la fanfare, qui fantasmaient sur lui. Régulièrement, une fille prenait son courage à deux mains et venait nous demander, à Kristen ou moi, si Jake avait repéré une fille, le genre de truc que nous étions censées savoir, vu que nous étions ses meilleures amies. Je ne pouvais pas leur en vouloir de poser la question, même s'il fallait faire un effort surhumain pour ne pas leur exploser de rire au nez.

C'est vrai, Jake est très, très mignon. Je le reconnais.

– Je ne vois toujours pas pourquoi je devrais vous écouter, ai-je continué. Ni pourquoi vous pensez que je vais si mal toute seule.

– Ce n'est pas que tu ailles mal, Ellie, a susurré Kristen. C'est que ce n'est pas complètement... heu... normal.

– Pas normal ? ai-je demandé, vraiment fatiguée par la conversation. Ce n'est pas normal d'estimer de façon rationnelle et mûre que sortir avec des mecs au lycée n'a absolument aucun intérêt ?

– Non, ce n'est pas normal de n'aimer personne, d'être aussi fermée et... froide, a lâché Jake.

Je l'ai dévisagé, confuse. Il ne m'avait jamais rien dit de pareil. Depuis quand faisait-il attention à ce genre de chose ? Surtout des trucs à l'eau de rose comme les relations amoureuses ?

Il a immédiatement baissé les yeux et siroté sa boisson, les sourcils froncés.

Kristen lui a jeté un œil et s'est mordillé la lèvre. Il y a eu un moment de silence gêné. Je les ai regardés l'un après l'autre.

– Et si vous vous occupiez de vos affaires, plutôt ? ai-je suggéré. C'est sympa de vous inquiéter pour moi, mais ça me va carrément bien d'être en solo. Je suis très heureuse comme ça.

Aucun des deux ne semblait convaincu par ma déclaration, mais ils en sont restés là. Ils ont été plutôt bizarres et distants tout le reste de la soirée, échangeant des regards, l'air de dire qu'ils en avaient marre de moi ou un truc du genre.

OK, j'avais un peu exagéré. Même si j'étais effectivement sur le point d'obtenir tout ce que je voulais cette année, je ne pouvais pas non plus affirmer que j'étais à cent pour cent satisfaite. J'avais un peu l'impression de laisser passer un truc important. Mais il valait mieux que je ne raconte pas ça à Jake et Kristen si je ne voulais pas qu'ils m'en rebattent les oreilles tous les jours.

Chapitre 7

J'ai rapidement dû reconnaître que je m'étais trompée sur Connor et qu'il ne nous ralentissait pas du tout. En quelques jours, il a prouvé qu'il apprenait vite et qu'il savait se plier à la règle avec un bon esprit et des bases techniques solides. Avant la fin de la semaine, je ne lui hurlais pas plus dessus que sur un autre, et surtout moins que sur Brandy Jenkins.

Je me suis aussi rendu compte que ses petits sourires niaiseux ne me gênaient pas tant que ça. D'ailleurs, il a continué à en esquisser, toutes les deux minutes. Même si je commençais à me sentir un peu... chamboulée. Mais la sensation était plutôt plaisante. Ce n'était pas comme si j'avais craqué pour lui – il n'était quand même qu'en *seconde* –, sa présence n'était pas désagréable, c'est tout.

Tandis que le reste de ma section avait surtout peur de moi, ou me méprisait (comme Brandy) – ce dont je me fichais royalement –, c'était plutôt sympa d'avoir quelqu'un qui semblait apprécier d'être avec moi. J'attendais presque le moment de le voir. Lui et son sourire.

Je dois admettre qu'il nous a aussi bien aidés. Tout le monde l'a tout de suite bien accueilli et respecté, même s'il n'était qu'en seconde. Brandy traînait toujours autour de lui, à glousser dès qu'il ouvrait la bouche, et il est devenu le Mister Populaire de la section. Je l'ai même surpris à plusieurs reprises en train d'aider d'autres élèves, style super-copain, sans qu'ils se braquent comme avec moi. Genre le mec... trop sympa.

Kristen a continué à faire des allusions à son sujet, à souligner toutes ses qualités (surtout physiques) et essayer de me faire reconnaître qu'il me plaisait. Je lui rétorquais qu'elle était cinglée et qu'elle ferait mieux d'arrêter si elle ne voulait pas que j'aille expliquer à son petit copain du mois (elle était encore avec le joueur de grosse caisse) qu'elle avait l'intention de le plaquer avant le premier match de la saison. Elle en avait déjà marre de lui (quelle surprise !).

L'idée m'a traversée d'inviter Kristen à se faire plaisir si elle trouvait Connor si incroyablement parfait, mais quelque chose d'étrange et d'inhabituel m'en a empêchée. Je me suis dit que je ne voulais pas me taper tout le mélodrame, surtout qu'elle l'aurait plaqué en une semaine, c'était sûr, et qu'il traînerait en gémissant comme un chiot blessé. Il n'y avait pas d'autre raison, évidemment... D'ailleurs je ne les imaginais pas du tout faire un joli couple.

Kristen était trop petite pour lui.

L'air de rien, la semaine s'est écoulée, nous rapprochant toujours plus du premier match de la saison. Je faisais le strict minimum pendant les cours, tapotant nerveusement du pied et me repassant en tête les schémas de défilé au lieu d'écouter les profs. Je pliais mes devoirs en moins de deux pour pouvoir répéter le plus vite possible. Je remarquais à peine l'existence du reste de l'école, j'étais trop concentrée sur ce premier match.

Et le vendredi est enfin arrivé. J'ai essayé de gonfler à bloc ma section juste après la répétition. C'était mon premier vrai discours d'encouragement avant un match. J'avais l'estomac qui se tordait d'angoisse à l'idée de jouer pour la première fois devant toute l'école, mais j'ai fait comme si de rien n'était. On allait s'éclater. *Parfaitement.*

– OK, tout le monde, je sais que vous êtes tendus, mais on s'est préparés et vous savez ce que vous avez à faire. On va assurer à mort, pas vrai ?! ai-je lancé aux musiciens rassemblés autour de moi en un cercle irrégulier.

– Ouais, ont-ils répondu, pas vraiment convaincus, les yeux baissés et les épaules tombantes pour la plupart.

La répétition avait été difficile, on avait beaucoup recommencé les exercices et personne n'était très confiant ou excité à l'idée de jouer.

J'ai froncé les sourcils et j'ai pensé aux anciens chefs de section : comment motivaient-ils leurs troupes ? L'année précédente, Nick nous avait demandé d'un air décontracté d'être les meilleurs. Puis je me suis souvenue que Nathan nous criait dessus. Tout en restant adorable, évidemment.

Ça valait le coup d'essayer.

– Allez, j'entends rien ! Je veux vous entendre hurler ! ai-je pratiquement crié. On va assurer comme des bêtes, pas vrai ? *Pas vrai ?*

– Ouais, ont-ils dit avec l'enthousiasme d'une bande de serpillières pourries.

Ma tentative n'était pas vraiment un succès. Il était temps de faire appel à mes bonnes vieilles techniques. J'ai profondément inspiré.

– *Je veux entendre qu'on va assurer comme des bêtes ou vous allez tous me faire des tours du terrain !* ai-je rugi en leur tournant autour.

Sous le choc, il y a eu un moment de silence. Soudain, Connor s'est avancé dans le cercle et a beuglé :

– Ouais, *on va mettre le feu* !

Il sautait sur place en poussant des cris de victoire sans aucune gêne. Bouche bée, les autres l'ont observé, ont échangé des regards ahuris et ont finalement décidé de l'imiter en agitant leur trompette et en braillant.

J'ai reculé d'un pas et j'ai souri. Connor savait vraiment se lâcher. Le reste de la section s'est tourné vers nous pour observer ce qui se passait. C'était la première fois depuis le début de l'année que je voyais mes musiciens déployer autant d'énergie. J'aurais sûrement été verte de rage si n'importe qui d'autre était intervenu de cette façon, mais je ne pouvais pas m'empêcher d'être légèrement reconnaissante à Connor de leur avoir insufflé un peu de vie.

– Super, ça, c'est de la niaque ! On se retrouve à deux heures dans les vestiaires de la fanfare, ai-je dit à ma section après l'avoir fait mariner pendant une minute. N'oubliez pas d'avancer au pas cadencé dans les couloirs.

Ils ont tous quitté le terrain en papotant avec excitation, à l'exception de Connor. J'ai rapidement jeté un œil autour de moi afin de m'assurer que personne ne faisait attention et je lui ai souri :

– Tu es prêt pour ce soir ?

– Ah ouais, a-t-il répondu avec enthousiasme, rebondissant légèrement sur la pointe de ses pieds. J'ai trop hâte. Et toi ?

– Ouais, fin prête. Ça fait un moment que j'attends ça.

Il m'a souri. Encore une fois. J'ai cligné des yeux, essayant de ne pas me perdre dans les siens.

– Alors..., ai-je fait en passant d'un pied sur l'autre et en me mordillant la lèvre.

Je n'avais pas envie de mettre fin à la conversation, mais je ne savais pas quoi dire d'autre sans paraître bizarre.

– Tu vas à la fête ce soir après le match ? a-t-il demandé en haussant les sourcils.

Je l'ai regardé en faisant de mon mieux pour ne pas avoir l'air terrifiée alors que je sentais se tendre tous les muscles de mon corps.

– Ouais, pourquoi ?

J'ai parlé si rapidement que les mots se sont fondus tous ensemble. Je priais pour que mon visage ne soit pas écarlate. « Calme-toi, Ellie, il n'est pas en train d'approcher pour te demander de sortir avec lui. » À moins que si ? Je ne savais pas du tout comment se passaient ces choses-là.

– Je me demandais… c'est tout, a-t-il répondu en haussant les épaules. J'ai entendu dire que tout le monde y allait et que c'était plutôt sympa.

– Oui, ai-je marmonné. Comme une soirée de fanfareux, quoi. On a tous besoin de se défouler après le match et de se retrouver, de danser… et tout.

On a tous les deux regardé par terre.

– Bon, ben, à ce soir alors, ai-je lancé avant de me rendre compte, horrifiée, de ce que je venais de dire. Heu… je veux dire : à deux heures. Pour… heu… défiler dans les couloirs.

Bon sang, quelle cloche je faisais ! Il devait penser que j'étais complètement barge.

– Cool, a déclaré Connor en me souriant comme s'il connaissait un secret.

Ses yeux se sont plissés et j'ai remarqué à quel point l'extrémité de ses longs cils était blonde. Le trouble m'envahissait à nouveau et je ne pouvais arracher mon regard de son visage. J'ai peu à peu pris conscience que je le dévisageais et j'ai cligné les yeux. Il me souriait toujours, sans broncher.

Et mince, il allait peut-être s'imaginer qu'il me plaisait ?

– Bon, ben, salut, alors ! ai-je dit rapidement.

J'ai aussitôt quitté le terrain à grands pas afin de prendre de l'avance et que l'on ne se retrouve pas ensemble dans les vestiaires. Je n'arrivais pas à comprendre pourquoi j'étais si bouleversée, et je détestais ça.

*

Le défilé dans les couloirs les jours de match était pratiquement la seule occasion où les non-fanfareux prêtaient attention à la fanfare. Tout le monde appréciait de sortir de cours plus tôt, même si beaucoup d'élèves traînaient dans le hall plutôt que d'aller écouter le discours du proviseur avant le match, comme ils étaient censés le faire.

Quinze minutes avant la dernière sonnerie, tous les musiciens de la fanfare se sont mis en place dans le couloir étroit et surchauffé devant la salle de musique, serrés comme des sardines. Posté à l'avant de notre carré, Jake a émis un sifflement strident et les tambours ont entamé leur cadence fracassante. Le rythme profond des grosses caisses et les coups de feu secs des tambours à timbre résonnaient sur les murs de brique et il était impossible de savoir d'où provenait le son. Une jubilation familière s'élevait dans ma poitrine.

Nous nous sommes lancés sur un rythme foudroyant dans les couloirs de l'école, brandissant nos instruments au signal de Jake pour jouer la *fight song*[1] de l'équipe toutes les cinq minutes. Chaque fois que nous passions devant les salles de cours, les portes s'ouvraient et un flot d'élèves s'en déversait. Nombre d'entre eux chantaient et applaudissaient, tendaient des poings victorieux et nous suivaient.

Au bout de dix minutes de parade, nous sommes arrivés à l'entrée du bâtiment, accompagnés par la moitié des

1. La *fight song* est une marche instrumentale spécifiquement composée par la fanfare, qui la joue chaque fois que l'équipe marque un point ou fait une belle action.

élèves. Les pom-pom girls agitaient leurs pompons argentés devant nous, tandis que les footballeurs vêtus de leur maillot bordeaux hurlaient et se poussaient joyeusement. L'énergie collective nous portait. Le beuglement de mes trompettes noyait toutes les autres sections, excepté les tambours, et je devais faire un effort pour ne pas oublier de ne pas jouer à fond. Mieux valait ne pas détruire mes lèvres quelques heures avant le match.

Lorsque nous avons terminé de jouer la *fight song* de l'équipe pour la énième fois et que les acclamations se sont réduites à un grondement sourd, Jake a lancé :

– Repos !

Il y avait tant de bruit dans le hall que l'on a dû se passer l'ordre d'un rang à l'autre et, comme une vague, nous avons tous déposé nos instruments les uns après les autres et nous sommes détendus.

J'ai joyeusement tapé dans toutes les paumes de main de ma section, à l'exception de celles de Connor, qui se tenait un peu à l'écart. Tout le monde était surexcité et me souriait. J'ai souri moi aussi.

– Vous avez été géniaux ! ai-je dit en toute sincérité.

Ils avaient gardé le rythme, donné tous leurs poumons et j'étais confiante pour la parade de ce soir, même si je ne jouais pas mon solo. Au moins, mon travail avec eux avait porté ses fruits.

– Allez manger et on se retrouve ici à cinq heures.

Ils ont poussé de petits hourras. Sauf Brandy, évidemment, qui avait l'air furax. Rien de neuf sous le soleil. Son regard passait sans cesse de moi à Connor, qui était resté sur le côté à observer la scène. Ma section est repartie vers la salle de musique.

Connor s'est approché de moi, rayonnant :

– Super-boulot, madame la chef de section.

– Eh, c'est grâce à vous tous. Vous avez été fantastiques.

Je m'apprêtais à frapper dans sa paume comme je l'avais fait avec les autres, mais il a saisi ma main comme s'il voulait la serrer. Sa paume était chaude et sèche, sa peau douce.

– Je voulais te remercier, a-t-il dit lentement, en pesant ses mots.

– De... quoi ? ai-je demandé, le regard rivé sur ma main dans la sienne, consciente qu'une foule de gens passait autour de nous en direction de la porte d'entrée.

Je me suis demandé si quelqu'un nous observait. Un élève de seconde était quand même en train de me tenir la main ! Mon instinct me soufflait de la retirer tout de suite, mais il la serrait trop fort pour que je puisse le faire sans passer pour une frappadingue.

– Merci de m'avoir donné ma chance, a-t-il répondu en me fixant droit dans les yeux et en se rapprochant dangereusement.

Il était si grand que je devais lever la tête pour voir son visage.

– Je sais que tu ne voulais pas de moi, mais j'apprécie que tu aies tenté le coup. J'espère que je n'ai pas été un boulet.

– Hem, bien sûr que non, ce n'est rien du tout, ai-je bafouillé précipitamment tout en me sentant coupable qu'il sache ce que j'avais dit sur lui.

Ma main commençait à devenir moite et j'étais persuadée qu'il allait bientôt le remarquer avec dégoût.

– Tout le monde a le droit d'avoir sa chance, et tu as vite rattrapé le groupe.

– Merci quand même. Je trouve que j'ai du bol d'être là.

Il a souri, m'a doucement serré la main et s'est s'éloigné nonchalamment vers la salle de musique. J'ai brutalement pris conscience que je n'étais pas prête à le voir partir. J'ai retenu ma respiration. « Ellie, dis quelque chose ! »

– Hé, Connor ! l'ai-je appelé, la voix chancelante.

Il a lentement pivoté sur un pied, comme s'il s'y était attendu :

– Ouais ?

– Tu veux que... je te ramène ?

Je n'avais aucune idée de ce que j'allais dire avant que les mots sortent de ma bouche. Un large sourire s'est affiché sur son visage et j'ai aperçu au creux de sa joue une fossette que je n'avais pas encore remarquée.

– Ouais, ça serait cool. Ça me changera du bus.

Je lui ai rendu son sourire et nous avons marché en silence vers la salle de musique, à présent presque vide, afin d'y ranger nos trompettes. La plupart des élèves s'étaient dépêchés de partir, contents de profiter de quelques heures de liberté avant le match. Mais Kristen était toujours là, assise toute seule en train d'étudier ses partitions. Elle a rapidement levé la tête quand on est entrés et ses yeux se sont écarquillés.

– Salut ! a-t-elle susurré d'une voix taquine. Quoi de neuf ?

Je lui ai adressé un sourire agacé, genre « s'il te plaît, ferme-la », et j'ai dit :

– Je ramène juste Connor chez lui.

– Oh, vraiment ? C'est sympa.

Bizarrement, Connor ne semblait rien remarquer et s'est dirigé vers la salle des casiers pour y ranger sa trompette. J'ai vite déposé la mienne dans sa housse et j'en ai profité pour siffler à Kristen :

– Tu n'as pas intérêt à dire quoi que ce soit.

– À qui ? Et à quel sujet ? a-t-elle demandé, les yeux pétillants.

Proposer à un mec canon de le raccompagner chez lui était un gros truc pour une fille qui aurait pu être nonne – c'est-à-dire moi – et elle le savait pertinemment.

– À personne, d'accord ? ai-je lourdement répété.

– Évidemment, a-t-elle répondu.

Je l'ai fixée d'un air suspicieux. Puis j'ai insisté :

– Il n'y a rien. Rien du tout. C'est juste un gamin de ma section. Un mec de *seconde.*

Je savais qu'elle comprenait ce que je voulais dire.

– OK, a-t-elle fait comme une poupée avec une tête sur ressort.

Connor est revenu dans la pièce et nous a fixées l'une après l'autre. Kristen s'est assise, dans un silence qui en disait long.

– On y va ? lui ai-je demandé, pressée de m'esquiver.

– Tu ne ranges pas ta trompette dans ton casier ? s'est étonné Connor en désignant ma housse.

– Oh... heu...

Je réfléchissais à toute allure. Il était hors de question que je laisse Connor et Kristen seuls dans la pièce ne serait-ce que quelques secondes. Elle était capable de lui raconter n'importe quoi.

– Je l'emporte avec moi. À plus tard, Kristen !

– Ciao, a-t-elle dit avec un petit sourire taquin, tandis que je faisais rapidement sortir Connor de la pièce.

Je ne pouvais pas supporter le sourire entendu de Kristen. Pas plus que je ne pourrais supporter qu'elle raconte à Jake et aux autres que j'avais une relation un peu « spéciale » avec un seconde. Je le ramenais simplement chez lui parce que j'étais sympa, alors pourquoi mon cœur battait-il comme si je venais de faire plusieurs tours de terrain ? « C'est bon, Ellie, calmos ! »

On a marché comme si de rien n'était jusqu'à ma petite Toyota Camry, en échangeant quelques sourires. Mon estomac jouait au yo-yo et je n'arrivais pas à réfléchir. Pendant des années, il n'y avait eu personne et du jour au lendemain il y avait... ce garçon. Un garçon qui n'avait pas peur de moi. Un garçon qui me regardait comme s'il me connaissait depuis toujours.

« Ne pense pas à son âge, me suis-je dit fermement. Ça va te dégoûter. »

– Alors, tu habites où ? lui ai-je demandé en mettant le contact.

Les haut-parleurs se sont immédiatement mis à brailler le vieux CD de U2 que j'écoutais en allant à l'école. Quand j'étais seule dans la voiture, j'avais l'habitude de mettre la musique à fond, certainement parce que j'étais devenue un peu sourde à cause de la fanfare.

– Désolée.

J'ai ri et me suis penchée pour éteindre la radio.

Il était sûrement trop jeune pour connaître U2, ai-je pensé. Mais il a tendu la main pour arrêter la mienne et nos doigts se sont touchés l'espace d'une seconde.

– Laisse, a-t-il dit en souriant. J'écoute U2 tout le temps. J'adore cette chanson.

C'était « Sweetest Thing », ma chanson préférée de tout l'univers, pour toute la vie. Il y avait tout dans ce morceau : le bien-être, le bonheur et l'espoir. Je l'écoutais chaque fois que j'étais contente ou triste, ou quand je voulais juste ressentir quelque chose... n'importe quoi.

Je lui ai souri. En tout cas, il avait bon goût en musique.

– Tu veux qu'on roule un peu d'abord ? ai-je demandé en actionnant le bouton « retour » pour que « Sweetest Thing » recommence au début.

Il a gentiment hoché la tête et on a roulé, souriant ensemble en écoutant la chanson, sans destination précise. J'étais surprise de découvrir à quel point il m'était facile de chanter devant lui. D'habitude, j'étais tellement stressée à l'idée que quelqu'un se moque de moi que je n'ouvrais pas la bouche, mais, avec Connor, j'étais à l'aise. Comme s'il avait toujours été là.

Et, de toute évidence, lui non plus n'était absolument pas gêné de chanter devant moi, même si ce n'était pas toujours juste. Au moins, il était enthousiaste et connaissait toutes les paroles par cœur.

Nous avons échangé quelques sourires timides et, quand la chanson a été terminée, je lui ai à nouveau demandé où il habitait. Il ne restait que quelques heures avant le match et j'avais besoin de temps chez moi pour me préparer. Même si je rêvais que ce tour en voiture ne s'arrête jamais et nous conduise jusqu'au Mexique.

– Tu n'as qu'à me laisser au croisement des rues Harrison et Lake, m'a dit Connor. Je marcherai.

– Ça ne m'embête pas de te déposer devant chez toi.

Je ne voulais pas qu'il croie que j'étais radine sur l'essence ou un truc du genre.

– Non, c'est bon, a-t-il répondu fermement, sans me regarder. Je préfère marcher. Merci quand même.

– D'accord, ai-je enchaîné, confuse.

Puis je me suis dirigée vers le croisement qu'il m'avait indiqué. J'ai essayé de ne pas trouver ça bizarre ni d'imaginer des trucs atroces. Il avait peut-être peur que je sois une désaxée et que je me pointe à sa fenêtre au milieu de la nuit ? À moins qu'il ne soit embarrassé à l'idée qu'on le voie avec moi ?

Du coup, j'ai décidé de changer de sujet :

– Tu as emménagé cet été ?

– Ouais, en juillet, a-t-il répondu. J'habitais... heu... au nord de l'État.

– Ah oui ? Dans quelle ville ?

J'y étais allée quelquefois avec mes parents, à l'occasion de vacances écolos, où on finissait toujours par débroussailler les chemins ou ramasser les poubelles ! Il venait peut-être d'un coin que je connaissais ?

Un instant, Connor a eu l'air paniqué, comme si je lui avais demandé s'il avait déjà triché à une interro ou fumé une cigarette volée.

– C'est un bled. Tu peux pas connaître.

Je lui ai jeté un regard perplexe. Pourquoi ne voulait-il pas dire le nom de cette ville ?

– Cool... et tu as une grande famille ?

J'avais maintenant l'impression de lui sortir les vers du nez, mais je ne comprenais pas pourquoi il restait aussi flou. À moins qu'il ne soit un délinquant juvénile en fuite ou un témoin protégé par les services secrets, je ne voyais pas pourquoi il était si cachottier.

– Non, il n'y a que moi et... ma petite sœur et... ma mère, a-t-il dit lentement comme s'il soupesait chacun de ses mots.

J'étais sur le point de l'interroger sur son père, mais j'ai décidé que c'était peut-être un sujet sensible qu'il préférait ne pas aborder. En tant que progéniture de parents encore mariés, je ne savais jamais comment parler de divorce sans blesser personne. Et, comme beaucoup d'ados de mon âge, Connor semblait porter le fardeau du « foyer brisé ».

C'était peut-être pire : et si son père était mort et qu'il commence à pleurer ? Pour le coup, ça mettrait une sale ambiance pour le reste de la saison.

– Et toi ? a-t-il demandé, essayant manifestement de détourner la conversation. Des frères ? Des sœurs ?

– Non, je suis fille unique, ai-je répondu après une pause, consciente d'être déjà sur la défensive.

D'ordinaire, je n'en parlais pas, je m'étais rendu compte que les gens avaient beaucoup d'idées préconçues sur les enfants uniques, genre : ils sont pourris, gâtés, égoïstes et ils ont tout ce qu'ils veulent.

En plus, ça intéresse qui, franchement ? Pas moi, en tout cas. Surtout que j'ai assez prié pour l'arrivée d'un deuxième enfant afin que mes parents me lâchent un peu.

– Oh. (Il a hoché la tête comme s'il comprenait quelque chose.) Ça explique tout.

– Pourquoi ? ai-je rétorqué un peu sèchement, prête à entendre la réponse habituelle, qui était presque toujours insultante et me donnait envie de tout casser.

– C'est juste que tu as l'air d'une fille unique. Ne le prends pas mal, a-t-il ajouté à la hâte en voyant ma bouche s'ouvrir, à deux doigts de formuler une réplique bien sentie. Non, sérieux, tu ne fais pas peste ou un truc du genre, mais tu as l'air d'aimer que les choses se déroulent comme tu l'as décidé. Comme si tu avais l'habitude que les gens t'écoutent.

– Et c'est un problème ? ai-je demandé.

– Pas du tout, a-t-il répondu avec sincérité. Tu es très... directe. Sur presque tout. Ça me plaît beaucoup, vraiment. Ça m'a plu dès que je t'ai rencontrée au stage, quand tu n'as pas eu peur d'envoyer balader M. Barr parce qu'il m'avait rajouté à ta section. C'est vachement mieux que les gens qui mentent et manipulent et font semblant d'être ce qu'ils ne sont pas.

Je me suis mordillé la lèvre et j'ai serré le volant un peu plus fort. Personne ne m'avait encore jamais dit qu'il *aimait bien* cette qualité chez moi. La plupart des gens avaient plutôt tendance à taxer ma franchise de méchanceté, en y ajoutant parfois un soupçon d'admiration craintive, comme si c'était un compliment ! Ma mère, elle, bien sûr, pensait que cela me donnait trop d'énergie négative.

Mais je n'ai jamais compris ce qu'il y avait de si mal et terrible à être honnête. Et je ne voyais pas en quoi être fille unique changeait quelque chose à l'affaire. À mon avis, c'était plutôt dû au fait que j'avais une tolérance zéro à la connerie et franchement je ne voyais pas où était le problème !

Je me suis tournée vers Connor et je lui ai adressé un bref sourire reconnaissant :

– Merci. Je suis contente de pas t'avoir fait peur et donné envie de fuir la fanfare.

– Bien sûr que non. Il y a plein de mecs qui préfèrent les femmes comme ça. Moi le premier.

Mon visage était en feu. Était-il en train de dire qu'il me préférait, moi ? Qu'il me préférait à quoi, d'ailleurs ? « Il est en seconde », me suis-je aussitôt rappelé.

Une supérette 7-Eleven se trouvait au croisement qu'il m'avait indiqué et je me suis engagée dans le parking avant de savoir quoi répondre. Ça valait mieux, je n'étais plus certaine que mon cerveau fonctionne encore dans ce tourbillon de compliments inattendus.

– Voilà, on y est. Tu es sûr que tu ne veux pas que je te dépose chez toi ?

– Non, vraiment, c'est cool comme ça.

– Tu n'habites pas dans une benne derrière la supérette, quand même ? ai-je demandé en essayant de détendre l'atmosphère.

Il a laissé échapper un petit gloussement, comme s'il se forçait à rire d'une blague pas terrible pour ne pas me vexer :

– Nan.

On est restés assis dans un silence gêné, regardant tous les deux droit devant nous, avec U2 qui chantait doucement en fond sonore. J'avais visiblement brisé le charme du moment. Ça ressemblait maintenant plutôt à un champ de ruines.

– Bon, ben, on se voit dans quelques heures pour le match, ai-je enfin dit d'une voix que j'espérais enjouée. Ne sois pas en retard. C'est un ordre !

J'ai grincé des dents. Il n'y avait que moi pour lui rappeler à un moment pareil que j'étais sa chef de section. « Très élégant, Ellie, bravo. »

– Je ne risque pas.

Il s'est tourné vers moi d'un air presque désolé.

On s'est dévisagés quelques longues secondes et il a commencé à lentement se pencher vers moi, les lèvres légèrement entrouvertes. Mon cœur tambourinait contre mes côtes et je me suis mise à transpirer malgré l'air conditionné. Il allait essayer de m'embrasser ! En plein sur le parking de la supérette, où tout le monde pouvait nous voir !

– Bon, ben, salut !

Je me suis brusquement reculée. J'étais pratiquement collée à la fenêtre, comme si j'avais eu la trouille qu'il me refile une maladie.

Lorsque je l'ai regardé, son visage s'était assombri. Puis il a mollement acquiescé et il est sorti de la voiture.

– À plus tard, a-t-il dit d'une voix incertaine avant de refermer la portière.

J'avais envie de me frapper en le voyant partir. Non, mais quelle cinglée je faisais ! Pourquoi je ne pouvais pas me laisser embrasser par un mec hyper-mignon, comme une fille normale ? Où était le problème ? Si on mettait de côté le fait qu'il était en seconde, bien sûr. Et que mon premier baiser aurait eu lieu sur le parking d'un 7-Eleven.

En regrettant de ne pas pouvoir revenir sur les cinq dernières minutes, j'ai roulé vers lui et j'ai descendu ma vitre :

– Hé !

Il s'est arrêté et m'a regardée.

– Désolée, ai-je soufflé. Je suis... bizarre. Je ne voulais pas flipper.

Il a haussé les épaules en me faisant un petit sourire :

– Il n'y a pas de mal. J'espère que j'aurai une autre chance.

Je l'ai dévisagé. Une voix stridente hurlait dans ma tête : *Ce n'est qu'un seconde !* Alors qu'une plus grande partie de moi-même ne voulait rien d'autre que sentir ses lèvres sur les miennes. De préférence pour un très long moment et dans un endroit très discret. Dans ma chambre, par exemple. Après avoir éteint toutes les lumières.

Il se tenait là, l'air d'attendre quelque chose, ses yeux bleu clair un tantinet amusés, comme s'il savait exactement à quoi je pensais.

– Une autre chance ? Ouais, peut-être, ai-je répondu sans savoir quoi dire d'autre.

« Et pourquoi pas tout de suite ? » ai-je pensé affolée.

Il a hoché la tête comme si cela lui suffisait, puis il a à nouveau souri et a repris son chemin. J'ai fait un peu crisser les pneus en quittant le parking et j'ai martelé le volant de coups de poing. J'avais envie de dire à toutes les voitures que je croisais qu'un mec canon voulait m'embrasser. « Vous le voyez ? Là-bas, il s'éloigne. Le grand avec le bronzage doré et les yeux bleus, bleus, bleus. Je lui plais, moi, Ellie. Je lui plais ! »

Mais, en même temps, j'étais persuadée que c'était trop beau pour être vrai. Après toutes ces années sans copain, je ne pouvais pas me retrouver avec quelqu'un de deux ans plus jeune que moi, quand même. Non ? Et à quoi ça rimait, cette histoire de ne pas le déposer chez lui et tout ce mystère sur son ancienne vie ? Est-ce que je voulais vraiment sortir avec quelqu'un qui semblait avoir autant de problèmes personnels ?

Eh bien, oui. En fait, oui, j'en avais terriblement envie.

Chapitre 8

Même si je n'avais toujours pas digéré de ne pas jouer mon solo ce soir-là, nos parades avant le match et à la mi-temps se sont déroulées à merveille. Tous les uniformes étaient impeccables – comme toujours pour la première rencontre de l'année –, directement sortis du pressing, les boutons étincelants et les guêtres d'un blanc immaculé sur nos chaussures noires fraîchement cirées. On bourdonnait tous d'excitation et d'impatience, tendant le cou pour voir qui était dans les tribunes.

Personne n'est sorti du rang ou n'a perdu la mesure et je n'ai pas eu à crier une seule fois. Nos interminables répétitions avaient fait de nous des robots, exactement ce que doivent être les membres d'une fanfare. Les pièces individuelles d'une seule et même entité, en accord parfait avec le chef d'orchestre et tous les autres musiciens, dans un contrôle total de nos corps et de nos mouvements. Une fanfare bien entraînée est une vision de pure beauté pour un accro du pas cadencé. J'étais tellement fébrile que j'ai même arrêté de penser à Connor et à ses baisers.

Après la marche de la mi-temps, j'ai fait un signe à mes parents, assis à leur place habituelle, toujours avec le même air perplexe, puis j'ai dirigé ma section jusqu'aux tribunes et je suis allée au premier rang afin de parler à Jake. C'est un des énormes avantages d'être chef de section : on est libre de bouger comme on veut pendant les matchs et je comptais bien en profiter.

Jake et moi étions tous les deux grisés par l'énergie de la foule qui nous entourait et il jouait à faire tourner sa grande baguette entre ses bras.

– Ça, c'est un super-début d'année, a-t-il dit avec un sourire tout en déposant son bâton par terre.

On s'est appuyés sur la rambarde, épaulette contre épaulette, regardant le terrain, où la défense de Winslow se débrouillait finalement pas si mal. J'ai tendu le bras pour donner une petite chiquenaude à la plume de son chapeau, qui était le plus décoré et brillant de tous.

– Bravo, tu as réussi à pas tomber de ton échelle. Et tu as bien mouliné des bras, c'était joli. Je ne t'ai pas vu te planter une seule fois. M. Barr doit déjà te voir sur la grande échelle pour le prochain match, non ?

C'est toujours le directeur de fanfare qui dirige lors du premier match de l'année, mais, si le tambour-major est en terminale, M. Barr lui laisse ensuite le podium central (en fait, c'est juste une échelle plus haute, installée sur la ligne de milieu de terrain) pour le reste de la saison. C'est un truc énorme de diriger toute la fanfare, pris en sandwich entre les regards de tous les musiciens et ceux du public... C'est le sommet de la carrière d'un tambour-major. Et je savais que Jake était aussi impatient que je l'avais été pour mon solo.

Il a hoché la tête d'un air heureux, puis son visage s'est assombri et une ride s'est creusée entre ses sourcils.

– Ellie, je suis vraiment désolé pour ton solo... Je sais à quel point tu y tenais et ça n'est pas juste.

J'ai soupiré et haussé les épaules. Il n'y avait pas de raison que je continue à être énervée, surtout après la mi-temps. C'était du passé.

– C'est comme ça. Tant que M. Barr ne décide pas de me faire partager mon solo avec Brandy, je m'en fiche.

Je m'attendais à ce que cette idée farfelue le fasse rire, mais il s'est contenté d'acquiescer :

– Ouais, faut espérer.

Mon dos s'est instantanément raidi.

– Quoi ? Tu veux dire que ce n'est pas impossible ?

Jake n'a pas répondu et un sentiment d'horreur m'a envahie. L'idée de partager mon solo avec Brandy Jenkins était presque au-delà de ce que je pouvais supporter. Bien sûr, c'était une trompettiste confirmée comme moi – la seule en fait –, et, les années précédentes, dans un souci d'équité, M. Barr avait demandé aux trompettistes de terminale de jouer le solo chacun à leur tour. Et c'est vrai que, parfois, elle jouait presque aussi bien que moi. Mais elle défilait terriblement mal et c'était *moi*, la chef de section ! Elle ne le méritait pas du tout.

Jake m'a regardée et a compris qu'il avait dit quelque chose d'atroce.

– Hé, ne t'inquiète pas, s'est-il repris sans y croire une seconde et en me donnant un petit coup de coude. Tant que tu tiens ta section et que tu répètes à fond, il ne devrait pas y avoir de problème. Il ne pensera même pas à Brandy.

C'était loin de me rassurer.

– Je *démissionnerais*, ai-je répliqué d'une voix tremblante. Tu peux le dire à M. Barr.

– Ellie, ce n'est quand même pas la fin du monde si tu dois partager le solo. Et ça ne vaut sûrement pas le coup d'abandonner la fanfare. Arrête ton char.

– Si, il n'y aurait rien d'autre à faire que démissionner.

Et je le pensais. Parfois, la fanfare semblait être la seule et unique chose dans laquelle je puisse me projeter, tout paraissait dérisoire en comparaison de ce qui me rendait le plus heureuse au monde. Et voilà qu'on risquait de me retirer ce qui devait être mon heure de gloire ? Me le faire partager avec la fille qui m'avait trahie ?

Oh, oui. Démissionner serait la seule option possible dans une situation pareille.

– Contente-toi de répéter et d'être la meilleure, et tout ira bien, a déclaré Jake en haussant calmement les épaules, comme si c'était aussi simple que ça.

J'avais envie de lui mettre mon poing dans la figure. Ce n'était pas lui qui était menacé ! Aucun autre tambour-major n'allait débarquer pour lui prendre son job et sa gloire. Il était en sécurité totale. Je bouillais de colère et j'ai vu Jake me jeter un rapide regard inquiet.

– C'est trop bizarre, a-t-il dit en pivotant brusquement et en changeant manifestement de sujet.

Ses yeux passaient sur le groupe et le reste des tribunes, bondées de spectateurs.

– Je peux pas croire que ce soit notre dernier match d'ouverture de saison !

J'ai profondément expiré, repoussé ma colère et me suis tournée vers le groupe des musiciens, qui étaient en train de regarder le match ou de bavasser. Alors que je parcourais ma section du regard, j'ai remarqué que Connor me dévisageait en souriant. Nous n'avions pas eu d'autre occasion de nous parler seul à seule depuis que je l'avais déposé dans l'après-midi. Il a levé un pouce victorieux à mon intention lorsque nos yeux se sont croisés, j'ai légèrement hoché la tête et lui ai brièvement souri. Le voir me regarder m'a soudain requinquée. Mon inquiétude au sujet du solo s'est un peu apaisée.

– Bon, ce Connor n'est pas si mauvais finalement, ai-je dit comme si de rien n'était. Tu avais sûrement raison, je devais être à cran.

Jake m'a dévisagée d'un air entendu :

– Je ne vais pas dire que je t'avais prévenue, mais... heu...

– Ouais, bon, ça va, tu m'avais prévenue, l'ai-je interrompu en terminant la phrase pour lui. Je commence à apprécier qu'il soit là, même s'il m'empêche de me concentrer.

J'ai frémi en m'entendant et j'ai immédiatement regretté mes paroles. Jamais je n'avais été aussi près d'avouer – à voix haute – que Connor (ou d'ailleurs qui que ce soit) me plaisait. Et je savais que Jake allait rapidement capter.

– Qu'est-ce que tu veux dire ? La prise de conscience s'est progressivement affichée sur son visage. Ohhh, OK. J'ai pigé.

– Qu'est-ce que tu as pigé ? ai-je répliqué avec nonchalance, comme s'il était complètement à côté de la plaque.

– Il te plaît !

Il l'a déclaré beaucoup trop fort. Soudain intéressés par notre conversation, quelques tambours du premier rang ont levé les yeux vers lui.

– La ferme ! ai-je grogné en serrant les dents.

– Ben, mince alors, s'est exclamé Jake avec un petit sourire moqueur. Ellie a flashé sur quelqu'un.

– Ah bon ? Qui ça ? a demandé Craig, une caisse claire de terminale, assis juste devant nous.

– Personne ! ai-je rétorqué.

Ma veste d'uniforme me comprimait de plus en plus la poitrine, une vraie camisole de force. Il fallait que je me sorte de là.

– Ah, que si ! a repris Jake d'un air entendu. (D'autres tambours se sont mis à écouter.) Tu as flashé sur le beau jeunot !

J'étais à deux doigts d'étouffer, mon champ de vision commençait à se troubler et je serrais les poings.

– Je n'ai flashé sur personne ! Et là, tout de suite, s'il y en a un qui me soûle grave, c'est toi !

Raide comme un piquet, je suis partie rejoindre ma section, en heurtant volontairement l'épaule de Jake au passage. Je pouvais l'entendre glousser dans mon dos et je mourais de honte à l'idée de mon visage qui devait être aussi rouge et luisant qu'une pomme d'amour.

Comment osait-il insinuer des choses pareilles devant les autres, même si elles étaient vraies ? Juste après m'avoir fait flipper en me disant que mon solo était en danger, en plus. J'ai commencé à regretter de ne pas lui avoir cogné dessus comme me le soufflait mon instinct. Au moins, la conversation se serait arrêtée plus tôt.

– Arrêtez de glander et faites attention au match ! ai-je rugi à l'intention des musiciens de ma section, qui n'avaient rien fait d'autre que bavarder, sagement assis.

Ils m'ont fixée bouche bée avant de se mettre à chuchoter entre eux. J'étais convaincue d'avoir entendu Brandy marmonner : « Quelle peau de vache ! » à un saxo ténor assis derrière nous.

Tout au long du match, Jake m'a lancé des œillades lourdes de sens, ce qu'il trouvait visiblement hilarant, tout en dirigeant la *fight song* de l'équipe dès que celle-ci faisait une belle action. Lorsque je jetais un œil à ma rangée de trompettistes (qui me snobaient presque tous parce que je leur avais crié dessus), Connor avait à chaque fois le visage tourné vers moi, essayant de croiser mon regard. J'ai continué à faire comme si de rien n'était, sans manifester le moindre signe d'attention. Je ne voulais pas que quelqu'un, surtout pas Jake, me voie en train de le mater.

Je ne supportais pas l'idée que Jake s'imagine que j'avais flashé sur Connor. Et, même si cela avait été vrai, c'était trop personnel et... privé. Et puis, s'il allait en parler à d'autres personnes ? Oh, mon Dieu, s'il allait en parler à Kristen ? Elle avait déjà des soupçons, surtout depuis que je l'avais ramené chez lui cet après-midi. Je n'aurais pas fini d'en entendre parler. Et ce ne serait plus qu'une question d'heures avant que ça revienne aux oreilles de Connor. Qu'est-ce qu'il penserait de moi ? Que ma spécialité était de m'attaquer aux mecs plus jeunes ? Que je n'arrivais pas à me dégoter un mec de mon âge ?

« C'est ridicule, ai-je pensé tout en me levant pour jouer encore une fois la *fight song*. C'est exactement pour ça que je ne dis jamais *rien* à personne. »

*

Traditionnellement, la première fête de la fanfare est organisée par le tambour-major, on s'est donc tous retrouvés dans le sous-sol de l'immense demeure de la famille Armstrong.

Une stéréo et des amplis avaient été installés, ainsi qu'une table couverte de nourriture et de boissons préparée par les parents de Jake. Les gens étaient assis un peu partout et papotaient. Quelques troisièmes dansaient timidement en petit cercle près de la musique.

C'était nul. Les soirées de fanfare après les matchs ne m'intéressaient plus depuis environ deux ans.

Je n'avais pas vraiment envie d'y aller. Je m'étais dit que : 1/ les élèves de ma section avaient besoin de se détendre sans que leur peau de vache de chef soit dans les parages et 2/ que Connor et Jake y seraient tous les deux et que je ne voulais avoir affaire ni à l'un ni à l'autre, et surtout pas dans la même pièce.

Mais Kristen m'a suppliée de l'accompagner parce qu'elle avait l'intention de larguer son petit-copain-du-mois et qu'elle avait besoin de soutien. Puis Jake a ajouté, même si je l'ignorais ostensiblement, qu'il me botterait les fesses si je ne venais pas à sa soirée. Pour finir, je n'avais pas exactement le choix. Je ne pouvais pas vraiment leur dire *pourquoi* je voulais éviter tout le monde.

Il m'a fallu beaucoup plus de temps que d'habitude pour me préparer (ce qui m'a beaucoup énervée). C'est vrai, quoi, depuis quand je m'occupais autant de mon look ? Qui est-ce que j'essayais d'impressionner ? Je me faisais une queue de cheval ou je laissais mes cheveux libres ? Mon T-shirt violet allait-il plaire à Connor ? Est-ce que les échantillons de maquillage que Kristen m'avait donnés l'année dernière étaient encore bons ? Je commençais à avoir l'impression de souffrir de troubles de la personnalité.

Je me suis donc plantée à côté du bol de chips avec Kristen à écouter ses potins, comme d'habitude, tout en sirotant mon Coca, les yeux anxieusement rivés sur les escaliers.

J'essayais de me convaincre que je n'avais aucune raison de m'inquiéter à l'idée de voir Connor. Après tout, je n'avais pas de sentiment pour lui, contrairement à ce que Jake avait déclaré. Et ça ne changeait rien à ma règle « pas d'histoire avec des mecs plus jeunes », parce que de toute façon je n'avais jamais voulu sortir avec lui. Je voulais être sympa en le ramenant chez lui, rien de plus. Pour me rattraper d'avoir été aussi débile la première fois qu'on s'était rencontrés. Ce n'était pas plus compliqué que ça.

Et il ne s'était sûrement pas penché pour m'embrasser non plus. Parce que ça aurait été nul et dégueu. Il avait juste dû perdre l'équilibre. Oui, c'est ce qui avait dû se passer.

Mais, dès que j'ai vu Connor descendre l'escalier du sous-sol, j'ai su que j'étais dans le pétrin. Il portait un polo gris clair et un jean, ses cheveux châtains aux reflets dorés étaient un peu ébouriffés, sa belle peau bronzée rayonnait.

Il était méga-sexy, on ne pouvait pas le dire autrement. Et il n'avait rien d'un jeunot qui fait plus que son âge.

Une partie de moi plutôt espiègle tentait de pousser mon corps vers lui, comme si j'étais attachée à un fil que Connor rembobinait. Deux secondes plus tôt, tout allait à peu près bien, et maintenant j'étais en sueur, paniquée, le souffle court et le sang circulant à fond la caisse.

Je me suis rapidement détournée pour me retrouver face à Kristen, espérant à la fois que Connor s'en aille pour toujours et qu'il vienne vers moi m'embrasser passionnément devant tout le monde. Alors que Kristen jacassait à propos d'un mec de son cours d'anglais – pas un fanfareux ! – qu'elle aurait bien aimé brancher, j'essayais de me forcer à l'écouter au lieu de me demander où Connor pouvait être dans la pièce, s'il pensait à la même chose que moi, et s'il me regardait.

Mon cœur reprenait à peine son rythme normal quand j'ai senti une main dans mon dos qui courait lentement et doucement de mon épaule à mes reins... pour finir à peine au-dessus de la ceinture de mon jean taille basse.

– Salut, a dit Connor, si près de mon oreille que la chaleur de son haleine a caressé mon cou.

Sous l'effet d'un délicieux frisson, mes orteils se sont repliés, mon dos s'est cambré et mon corps entier a eu la chair de poule. Kristen a écarquillé les yeux en nous fixant l'un et l'autre et sa bouche a dessiné un petit *o*. Elle n'avait pas besoin qu'on lui donne plus d'explications.

– Heu... je crois que... je dois parler à Aaron là-bas, a-t-elle bafouillé avant de filer comme une flèche, en nous regardant par-dessus son épaule.

– Oh, *salut*! ai-je lancé à Connor tout en m'éloignant de lui d'un mouvement sec.

Je me forçais à être agacée, plutôt qu'à me laisser aller... à l'extase totale. Mon cœur tambourinait si fort sur un rythme de doubles-croches que tout le quartier devait l'entendre.

Il a souri, révélant de belles dents blanches:

– Beau match, hein?

– Ouais, ai-je répondu, mais tu vas me dire pourquoi tu viens de faire ça?

C'était la partie en colère en moi qui parlait. La partie qui savait que Kristen était sûrement déjà en train de nous montrer du doigt, que nous étions observés et jugés. Tout le reste ne souhaitait qu'une seule chose: tendre la main pour caresser son visage afin de savoir si sa joue était aussi douce qu'elle le paraissait. Je sentais encore la trace de sa main sur mon dos comme une brûlure au troisième degré.

Connor semblait confus, le front plissé. Trop craquant.

– Qu'est-ce que je viens de faire?

J'ai croisé les bras :

– Ce geste déplacé, là, devant Kristen, il y a une minute.

– Déplacé ?

Il était clairement déconcerté.

– Tu sais ce que tout le monde va penser maintenant, pas vrai ?

– Non.

– Ils vont penser qu'il y a quelque chose entre nous. Entre moi et un mec de ma section.

J'entendais ma voix s'élever, mais je ne pouvais l'en empêcher.

– Je suis chef de section, *ta* chef de section, et ça pourrait foutre ma réputation en l'air.

Connor a plongé ses yeux dans les miens et j'avais beau vouloir détourner le regard, je continuais à le dévisager, captivée.

– Ça ne peut pas être à cause... de la fanfare, a-t-il dit lentement, presque comme s'il essayait de m'hypnotiser. Il doit y avoir autre chose qui t'énerve.

– Pas du tout, ai-je rétorqué sur la défensive, me sentant soudain beaucoup plus petite que lui, ce qui était une impression radicalement nouvelle pour moi.

– Si, ça se voit, tu es en rage. Qu'est-ce qui se passe ? Je peux t'aider peut-être ?

J'ai enfin réussi à arracher mes yeux des siens pour regarder par-dessus son épaule. Jake était arrivé et avait rejoint Kristen, ils nous scrutaient tous les deux sans cacher leur surprise et Kristen lui a chuchoté quelque chose à l'oreille. Lorsque Jake a remarqué que je l'observais, il a eu un petit sourire en coin et a mimé un baiser passionné en embrassant sa main. Je suis sortie de ma rêverie aussi sec.

– Tu m'excuseras, mais si, c'est uniquement à cause de la fanfare. Je suis ta chef de section et je ne vais pas laisser croire à tout le monde que je vais sortir avec un gamin de seconde qui a deux ans de moins que moi. Même pas en rêve. Et en plus c'est complètement illégal que toi et moi...

J'ai laissé ma phrase en suspens, persuadée d'avoir le visage cramoisi par l'humiliation. C'était élégant de mettre le sujet du sexe, et de ses implications légales, sur le tapis à un moment pareil. Bravo, Ellie ! Maintenant il allait croire que j'avais ça en tête, ce qui était archi-faux évidemment. Enfin, au moins, pas consciemment.

– Mais je voulais parler d'autre chose, a dit Connor sans relever ce que je venais de laisser échapper.

Ou sans faire voir qu'il l'avait relevé (même si j'avais remarqué qu'il avait légèrement rougi lui aussi).

– Quoi ? lui ai-je demandé avec virulence. M. Barr vient de te dire que tu reprenais mon solo ?

– Non... j'aimerais savoir si tu voudrais sortir avec moi.

C'était une façon tellement formelle de présenter les choses – comme si on avait été dans les années 1950 et que je portais une jupe plissée et un collier de perles – que je n'ai pas compris tout de suite ce qu'il voulait dire.

– Comment ça, « sortir » ? ai-je rétorqué.

– Ben, ouais, être ensemble quoi.

Un délicieux vertige m'a submergée l'espace d'une seconde. Le beau gosse venait de me demander de sortir avec lui ! *Quelqu'un* venait enfin de me demander de sortir avec lui !

Mais je me suis aussitôt rappelé ce que sortir avec Connor signifierait. Les gens allaient parler. De moi avec un mec de seconde. L'horreur.

Mieux valait oublier sur-le-champ. J'ai répondu sans même réfléchir :

– Tu peux laisser tomber tout de suite. Ça serait une super-mauvaise idée pour des milliards de raisons.

– Mais, cet après-midi, j'ai cru..., a-t-il suggéré, clignant ses grands yeux bleus écarquillés par la surprise.

– Non, merci, l'ai-je interrompu en secouant la tête. Je ne risque pas de sortir avec un seconde. Je me casse. Ciao.

En me retournant, j'ai vu l'expression de son visage : comme si je l'avais atteint dans son honneur ou si j'avais écrasé son toutou. Parfait, il ne me manquait plus que ça sur la conscience. Un petit garçon blessé dans ma section parce que je lui avais brisé le cœur. Et en plus c'était entièrement de ma faute, puisque apparemment je l'avais encouragé.

– Je rentre chez moi, ai-je dit à Kristen et Jake alors que je passais devant eux en me dirigeant vers les escaliers.

Ils m'ont suivie du regard.

– Attends, Ellie, a lancé Kristen. (Je percevais l'amusement dans sa voix.) Il faut que tu nous racontes.

– Oublie. Il n'y a rien à raconter.

J'ai jeté un dernier coup d'œil à Connor avant de monter les escaliers d'un pas lourd. Il était appuyé contre le mur, là où je l'avais laissé, les épaules affaissées, et il m'observait d'un air triste et perplexe. Juste avant que je le perde de vue, j'ai aperçu Kristen qui le rejoignait.

J'ai failli faire demi-tour, sachant qu'elle allait lui soutirer tous les détails possibles, mais je n'avais plus le courage d'être face à lui. Quoi que j'essaye de me raconter, je me sentais atrocement mal et ne me maîtrisais plus du tout. Entre le moment où je l'avais déposé cet après-midi et mon pétage de plombs ce soir, une partie de moi y avait bêtement cru.

Mais il avait fallu que je parte en vrille comme d'habitude, parce que j'avais la trouille de ce qu'allaient penser les autres, parce que j'avais flippé quand il m'avait touchée.

En haut des escaliers, j'ai regardé ma montre, il était dix heures. Ça me laissait du temps pour rentrer à la maison et bosser sur mes dossiers de candidature aux universités. Ça me ferait sûrement du bien de me rappeler que j'allais bientôt me tirer d'ici, loin de ces gens, pour toujours.

Je me dirigeais rapidement vers l'entrée lorsque j'ai percuté quelqu'un. Nos deux fronts se sont douloureusement cognés.

– Aïe ! Tu ne peux pas regarder où tu vas ? ai-je éructé, la main sur le visage, persuadée qu'il s'agissait d'un jeunot de troisième.

– Je pourrais te dire la même chose, m'a répliqué l'autre personne en riant.

Cette voix m'était étrangement familière et un voile de terreur s'est déposé sur ma poitrine. J'ai lentement ôté la main de mon visage.

C'était Nathan. Nathan Armstrong, le monstre qui avait fichu ma vie en l'air.

Je n'ai rien pu dire d'autre que :

– Qu'est-ce... ?

Il m'a souri, les yeux plissés. Ce n'était pas vraiment un sourire narquois, mais cela s'en rapprochait trop pour que ce soit réconfortant. J'ai cligné des yeux et je l'ai dévisagé. J'avais beau être la meilleure amie de son petit frère depuis des années, je l'avais à peine entrevu depuis le jour où il m'avait publiquement humiliée. Il était parti à l'université, quelques États plus loin, et ne revenait que brièvement chez lui pour un match de foot ou les vacances, et je veillais alors obsessionnellement à être aussi éloignée que possible de toute la famille Armstrong.

Il n'avait pas beaucoup changé. Ce qui voulait dire qu'il était toujours aussi beau. Quelques centimètres de moins que Jake et légèrement plus costaud, mais avec les mêmes cheveux châtains bouclés, les sourcils épais et d'intenses yeux d'ébène qui absorbaient la lumière comme deux trous noirs.

Je ne voyais qu'une seule différence entre le Nathan de terminale et celui d'aujourd'hui : un peu de ventre sous sa chemise bleu foncé. Mais ça ne changeait rien à son allure de demi-dieu.

– Ellie ? a-t-il dit comme s'il retrouvait un vieux copain à une réunion de classe. C'est pas vrai !

Je l'ai dévisagé, la langue apparemment collée à mon palais. Puis, lentement, j'ai hoché la tête.

– Waouh, t'es magnifique !

Puis il a fait un truc absolument incroyable... Il s'est penché et m'a serrée dans ses bras. Ses deux bras.

– Ça fait un bail ! a-t-il lancé.

J'avais les yeux écarquillés, complètement hallucinés.

– Qu'est-ce..., ai-je réussi à articuler au prix d'efforts herculéens... Qu'est-ce que tu fais ici ?

Il s'est appuyé avec décontraction contre le mur, grattant l'arrière de sa jambe de son pied nu.

– Tu ne m'as pas vu au match ? Je suis de retour pour un petit moment et je me suis dit que j'allais passer voir tout le monde. Eh, bon boulot avec la section... ils ont assuré.

– Hem, merci, ai-je bafouillé avant d'avaler ma salive avec difficulté. Jake ne m'avait pas dit que tu étais de retour.

Il a souri une nouvelle fois et a incliné la tête comme s'il détenait un secret. Je n'ai pas pu m'empêcher de remarquer la longueur de ses cils, comme ceux de Connor, même si les siens étaient épais et noirs, ce qui lui donnait un regard plus ténébreux et canaille.

– Vous êtes ensemble tous les deux, maintenant ?

– Pardon ?

– Toi et mon petit frère, a-t-il rétorqué en levant les yeux au ciel. C'est évident, non ? Ça fait des années que vous traînez ensemble. Je suis toujours les potins familiaux, tu sais.

Je l'ai scruté d'un œil méchamment suspicieux, tout en essayant de ne pas penser au fait qu'il avait apparemment demandé de mes nouvelles, ce que Jake ne m'avait jamais dit.

– *Non*, on est copains, c'est tout... comme toujours et pour toujours.

« Et en plus ça ne te regarde pas », ai-je failli ajouter.

– Ah bon, vraiment ? (Il a cligné les yeux de surprise.) C'est... intéressant, ça.

– Pourquoi ?

– Pour rien. C'est juste... intéressant, a-t-il répondu avec un sourire rusé et exaspérant. Alors tu sors avec quelqu'un d'autre ?

– *Non !* ai-je craché avec une violence qui nous a surpris tous les deux.

Ses sourcils se sont levés d'un coup et il m'a dévisagée. J'ai pris une profonde inspiration.

– Non. Je veux dire, non je ne sors pas avec quelqu'un d'autre.

– Je n'aurais pas cru, a-t-il fini par dire.

Et – je jure que c'est vrai – il a battu des cils en me regardant, exactement comme l'aurait fait une fille. J'ai à nouveau pris conscience, encore plus brutalement que quelques minutes plus tôt, que j'avais envie d'être à cent kilomètres de la maison des Armstrong.

– Il faut que j'y aille, ai-je lâché tout à coup. Heu... salut !

Nathan a souri et, même si j'étais certaine de lui lancer un maximum de signaux « t'as-pas-intérêt-à-me-toucher », il a posé sa main chaude sur mon épaule.

– C'était vachement sympa de te revoir, Ellie, a-t-il murmuré en me serrant délicatement l'épaule. Je suis sûr qu'on va se recroiser.

Quand je suis enfin arrivée à ma voiture, il m'a fallu dix bonnes minutes pour me calmer et me remettre à respirer normalement.

Chapitre 9

Kristen m'a appelée le lendemain matin alors que j'essayais d'oublier la main de Connor le long de mon dos ou la bosse que je m'étais faite en cognant Nathan.

– Je ne veux pas en parler, lui ai-je dit avant qu'elle n'ait pu ouvrir la bouche.

– Comme tu veux. (Elle semblait étrangement absente.) Mais il faut que tu sortes ce soir avec nous.

– Qui ça, *nous*? Et où? lui ai-je demandé en tombant comme une masse sur mon lit, un bras sur les yeux.

Sortir était bien la dernière chose que j'avais envie de faire. Bouder et penser aux endroits de mon corps où deux mecs trop mignons m'avaient récemment touchée me captivaient beaucoup plus.

– La même équipe que d'habitude, a-t-elle répondu avec un ennui presque palpable. On pensait aller voir un film. On en a parlé hier soir quand tu es partie.

J'ai roulé les yeux. S'il y avait quelque chose que je détestais plus que les potins des autres sur mon compte, c'était la tactique du « t'étais pas là, tu peux pas savoir ». Comme quand vos meilleurs copains font des plans ensemble pile quand vous n'êtes pas là et vous invitent ensuite en vous faisant comprendre qu'ils vous font la faveur du siècle. J'ai soudain ressenti une haine froide et profonde pour ces années de lycée. Ce n'était pas la première fois.

– Je ne sais pas, ai-je répondu d'une voix morne. J'ai beaucoup de devoirs.

– N'importe quoi, a répliqué Kristen. Les cours viennent de commencer. Tu n'es pas facile, Ellie.

– Ce n'est pas en m'agressant que tu vas me donner envie d'y aller !

– Allez, arrête, a-t-elle imploré. Ça te fera du bien, je te promets.

– Je ne vois pas du tout de quoi tu veux parler. Je me sens parfaitement bien.

– OK, tu te sens super-bien. Donc tu n'as aucune raison de ne pas venir avec nous, pauvre nouille.

J'ai soupiré. Mais l'idée de passer toute la journée et la soirée avec mes parents n'était pas super-excitante. Je savais qu'ils seraient contents que je sois là, surtout parce qu'ils laissaient déjà échapper de petits gémissements en évoquant mon entrée prochaine à l'université. Mais ça ne changeait rien à l'histoire : rester à la maison un samedi soir était désolant.

Même *moi*, je savais ça.

– Bon, je vais venir, ai-je dit en poussant un soupir comme si c'était la mer à boire.

– Youpi ! a hurlé Kristen. Je viens te prendre à sept heures. À tout' !

Elle a raccroché avant que je puisse dire autre chose.

J'ai passé la journée à traîner en pyjama dans la maison, incapable de faire quoi que ce soit. Ma mère m'a demandé si je voulais l'aider à enlever les mauvaises herbes dans le jardin et je l'ai envoyée sur les roses. Mon père m'a proposé de me donner un coup de main sur mes dossiers de candidature, mais je lui ai sèchement répondu que nous étions samedi et que je me détendais un peu. C'était dingue, ils ne pouvaient pas me laisser tranquille cinq minutes ? Puis je suis allée dans ma chambre et j'ai refermé la porte en bougonnant. Personne d'autre n'a appelé de toute la journée et je me sentais trop grognon pour allumer mon ordinateur et vérifier si quelqu'un était en ligne.

Je n'arrêtais pas de voir le visage de Connor quand je lui avais ri au nez en déclarant que je ne risquais pas de sortir avec un jeunot de seconde. Il avait eu l'air si triste, trahi. Est-ce que je comptais déjà vraiment autant que ça pour lui ? Cela faisait moins d'une semaine que l'on se connaissait et la plupart du temps je m'étais montrée clairement hostile à sa présence et/ou j'avais hurlé comme une sale peau de vache sur toute la section. Je n'avais été sympa avec lui que pendant, allez, cinq minutes grand maximum. Pourquoi j'aurais dû m'en vouloir ?

J'ai enfoui mon visage dans l'oreiller. Un mec bien et mignon arrivait enfin dans le paysage, et il n'était pas compatible ! Mais pourquoi ? ! Pourquoi il n'avait pas deux ans de plus ? Sortir avec un mec de première serait déjà moins compliqué. De toute évidence, le destin s'acharnait sur moi.

Et puis il y avait Nathan, qui était quasiment le même que lorsque j'avais eu ce béguin débile pour lui. Qui apparaissait pile au moment où je maîtrisais la situation, pour me demander avec qui je sortais comme s'il n'avait pas déjà ridiculisé une petite troisième innocente. Comme si ce n'était pas avant tout de sa faute à lui si je n'étais jamais sortie avec personne.

Les mecs... Non, franchement, ils n'en valent pas la peine.

J'ai été réveillée en sursaut par un coup sur la porte. J'avais la sensation qu'une énorme brique était posée sur ma poitrine.

– Ellie ? Kristen est là. Elle vient te chercher, a lancé ma mère.

Elle a entrouvert la porte et jeté un œil dans ma chambre :

– Tu dors, ma puce ?

Je me suis redressée d'un coup. Tout était trouble et le soleil commençait à se coucher.

– Mince alors, quelle heure est-il ?

– Presque sept heures... ça va ?

Je me suis regardée, avec consternation. Je n'avais pas pris de douche et même pas enlevé mon pyjama depuis la veille. Je devais puer.

– Tout va bien, ai-je répondu en bondissant hors de mon lit. Il faut juste que je me prépare.

Dix minutes plus tard, je montais dans la voiture que Kristen avait empruntée. Je me sentais toujours échevelée et à côté de mes baskets. Mais je n'étais plus aussi endormie : une brève prise de bec avec ma mère, déclenchée par un commentaire du genre « Tu ne vas pas mettre ce jean, quand même ? » avait achevé de me réveiller. Maman était très forte à ce petit jeu.

– Ça va ?

Kristen a ri en me détaillant. J'ai secoué la tête pour essayer de m'éclaircir les idées :

– Je me réveille.

– Je vois ça.

J'ai soupiré et me suis enfoncée dans le siège :

– Bon, qu'est-ce qu'on va voir ?

– C'est une surprise, a-t-elle dit d'une voix chantante en évitant de croiser mon regard.

Je l'ai dévisagée d'un air suspicieux :

– D'accord, et il y aura qui ?

– Oh, tu sais, des gens, a-t-elle répondu vaguement. Hé, t'as vu mon nouveau gloss ? Tu veux l'essayer ?

Elle m'a lancé un tube avec un truc rose à l'intérieur que j'ai rattrapé par réflexe.

– Heum, OK.

Je ne me suis pas méfiée. Je l'ai passé sur mes lèvres.

C'était collant et parfumé à la cerise.

– Ça te va vachement bien ! (Kristen a tapoté ses doigts sur le volant.) Hé, je me gèle, ça te gêne de me prêter ton sweat-shirt ? Tu as quelque chose dessous ?

Je me suis regardée sans rien y comprendre. Je portais mon vieux sweat à capuche bleue préféré, tout étiré sur un T-shirt blanc moulant à col V, que je ne mettais jamais sans quelque chose d'autre par-dessus. Dans des T-shirts moulants, ma poitrine prend des proportions du genre airbags bien embarrassants et je préfère généralement éviter d'attirer l'attention là-dessus. Mais Kristen frissonnait et semblait vraiment sur le point de mourir de froid.

J'aurais sûrement dû lui demander pourquoi elle ne mettait pas tout simplement l'air conditionné. J'ai croisé les bras sur ma poitrine, déjà mal à l'aise.

– Il est sympa, ton T-shirt ! a dit Kristen en enfilant mon sweat-shirt à un feu rouge. C'est parfait.

Je l'ai observée en plissant les yeux. Qu'est-ce qui se tramait ?

– Oh, mon Dieu, il faut que je te raconte ce qui s'est passé à la soirée, après ton départ.

Tandis qu'elle blablatait sur qui avait dansé avec qui, et expliquait comment elle avait cassé avec le tambour, qui avait pleuré comme un bébé en la suppliant de rester avec lui (je n'ai pas pu m'empêcher de remarquer qu'elle ne disait rien sur Connor), je regardais par la fenêtre et essayais de me remettre la tête à l'endroit. J'ai eu l'impression qu'on était arrivées devant le cinéma en deux minutes.

– Bon, je te dépose, je vais aller me garer.

Elle s'est penchée pour ouvrir ma portière et m'a pratiquement poussée hors de la voiture avec ses petites mains.

– OK, ai-je dit en descendant, toujours un peu dans les vapes.

– À tout' ! a-t-elle fait en démarrant plutôt vite.

C'était vraiment très... étrange. Je me suis retournée en secouant la tête et me suis retrouvée nez à nez avec Connor.

– Salut, a-t-il lancé avec un sourire rayonnant.

Il portait le même polo bleu que la première fois que je l'avais vu. Le soleil couchant se reflétait sur ses mèches blond foncé, créant comme un halo l'espace d'un instant.

Je me suis soudain rendu compte que je devais être horrible, pas douchée, dans mon jean le plus usé. J'aurais peut-être dû écouter maman. Mais au moins j'avais un T-shirt sympa et... du gloss ?

– Hem..., ai-je répondu d'un air stupide. Mais c'est quoi, ce binz ? Où sont les autres ?

– Il n'y a personne d'autre.

– Quoi ?

J'ai frénétiquement regardé autour de moi, comme si Connor était un désaxé sexuel au lieu d'un garçon de quinze ans en baskets Adidas.

– Ellie, avant que tu dises quoi que ce soit, je te demande de me donner une chance, a-t-il dit calmement.

– C'est un coup monté, c'est ça ?

Il a fixé ses pieds d'un air coupable et s'est gratté derrière l'oreille :

– Ben, en quelque sorte, oui.

– Comment ça, « en quelque sorte » ? ai-je demandé d'un ton impérieux. Comment est-ce que ça peut être « en quelque sorte » un coup monté ?

– J'ai parlé avec Kristen à la fête hier soir, quand tu es partie, et je lui ai dit... heu, en fait, je lui ai dit que je t'avais demandé de sortir avec moi, et que...

– Tu as dit ça à Kristen ? ai-je hurlé.

Quelques personnes qui se tenaient à côté de nous se sont retournées, alertées par mon cri. De tous les musiciens de la fanfare, il avait fallu qu'il s'adresse à celle qui – c'était sûr – informerait tout le monde en moins de vingt-quatre heures. C'était ma meilleure amie, je savais de quoi je parlais.

– Ouais, et elle m'a dit qu'elle allait m'aider, qu'elle s'arrangerait pour qu'on se retrouve, a-t-il continué. Et voilà, je suis là.

Son regard est descendu le long de mon corps, il avait l'air d'apprécier. Il a marqué une brève pause sur le T-shirt blanc :

– Tu es super-mignonne.

– Je ne vais pas attendre qu'elle revienne du parking, ai-je marmonné en recroisant les bras. Je vais la tuer.

– Ben, le truc c'est que... elle ne gare pas sa voiture. En fait, elle t'a juste laissée là. Avec moi.

Ça expliquait le gloss et l'emprunt rusé de mon sweat à capuche informe. J'ai levé les bras en l'air et me suis dirigée vers un banc à côté du cinéma, où je me suis assise.

– Tu es très en colère ? m'a demandé Connor sur le point de s'asseoir à côté de moi.

– Oui. (Ma voix a un peu tremblé.) Enfin, je veux dire, non, je ne sais pas.

– Tu es partie si vite hier soir que je n'ai pas eu le temps de finir ce que je disais, a-t-il poursuivi, et Kristen m'a rejoint, elle était inquiète et elle m'a demandé ce qui s'était passé, alors je lui ai raconté. Et... elle m'a dit pour toi.

Je l'ai regardé, horrifiée :

– Quoi ? Qu'est-ce qu'elle a dit sur moi ?

Il a planté ses yeux dans les miens, de tout son cœur :

– Que tu n'as jamais eu de copain et que tu n'es pas tellement proche de tes meilleurs amis non plus. Elle a dit que tu repousses tous les gens autour de toi et que tu ne les laisses pas te connaître, même s'ils en ont envie. Même s'ils tiennent à toi.

J'ai senti mon visage s'empourprer. Je ne pouvais pas croire que l'une de mes prétendues meilleures amies puisse penser cela de moi, sans parler du fait qu'elle soit allée tout raconter à un étranger comme Connor.

– Ah ouais, elle a dit ça ? Ben, peut-être que je ne dis rien à personne parce que justement personne par ici ne sait tenir sa langue ! Tu as peut-être remarqué ?

– Elle a aussi affirmé que tu as plein d'excuses pour ne pas avoir de petit copain, a continué Connor comme si je n'avais rien dit. Que tous les garçons que tes amis envisagent pour toi sont soit trop jeunes, soit trop bizarres ou immatures ou geeks ou je sais pas quoi d'autre.

– Il se trouve que c'est vrai. Ils sont tous comme ça.

Connor a posé sa main à côté de la mienne sur le banc, nos petits doigts s'effleuraient à peine. Je pouvais sentir la chaleur de sa peau.

– Ellie, donne-moi juste une chance de te montrer... (Il n'a pas terminé sa phrase.) Juste une chance... *s'il te plaît.*

Je crois qu'il m'a eue avec le « *s'il te plaît* ». Il y a mis tant de cœur et de sincérité que toute ma résolution a fondu.

Je l'ai regardé dans les yeux et me suis transformée en une petite flaque pitoyable.

– D'accord, je vais voir ce film débile avec toi, ai-je fini par accepter. Mais ça ne signifie rien du tout, pigé ? Et tu ne diras rien à personne. Même si Kristen en a déjà parlé à la terre entière, il faudra tout nier.

Connor a affiché un grand sourire en hochant la tête et je l'ai laissé m'emmener au cinéma.

Il ne voulait pas me dire pour quel film il avait acheté des billets. Finalement, c'était une projection spéciale d'une version remastérisée du *Magicien d'Oz*, un de mes films préférés, comme le savent bien tous mes amis. Je craque complètement pour le lion peureux.

– C'est Kristen qui t'a dit que j'adore ce film ? lui ai-je demandé tandis que nous nous asseyions dans la salle presque vide. (Quelques autres couples étaient parsemés dans les rangs, mais aucun n'était proche de nous.) Ou tu as fait ta petite enquête sur moi ?

– Non, a-t-il dit en me souriant. J'ai simplement eu l'impression que ça te plairait... Ça te ressemble.

Je lui ai lancé un regard suspicieux et me suis concentrée sur le pop-corn qu'il m'avait offert. Je n'avais rien mangé depuis le déjeuner.

Lorsque les lumières se sont éteintes, nous nous sommes tous les deux enfoncés dans nos fauteuils, nos épaules se frôlaient. Tout au long du film, je sentais que Connor m'observait, comme s'il évaluait le plaisir que j'avais à être là. Et je ne pouvais m'empêcher de lui jeter des coups d'œil pendant mes passages préférés afin de voir comment il réagissait.

Quand les pommiers attaquent Dorothy dans la forêt, il a sorti le truc du « bâillement-étirement des bras » et a passé son bras sur le dossier de mon fauteuil. En un clin d'œil, sa main s'est délicatement posée sur mon épaule et son index a dessiné de légers cercles sur ma clavicule, ce qui a déclenché chez moi une nouvelle crise de chair de poule. Je lui ai jeté un coup d'œil affolé, mais il ne me regardait pas, il était concentré sur le film, le sourire aux lèvres. Après une minute de réflexion, j'ai décidé de ne pas repousser sa main. En fait, c'était plutôt agréable et ça me donnait le frisson. Même si je devais faire de gros efforts pour contrôler ma respiration afin qu'il n'aille pas s'imaginer que je paniquais.

– C'est mon passage préféré, a-t-il murmuré lorsque le lion s'est mis à chanter sa chanson sur le courage.

J'ai ri et me suis un peu détendue au creux de son bras.

C'était chaud et être si près de lui semblait complètement naturel, maintenant que je m'y étais un peu habituée.

« Ne réfléchis pas, me suis-je dit avec sévérité. Suis le mouvement. *Vis le moment.* »

Pendant le générique de fin, Connor a enlevé son bras de mon épaule et m'a pris la main. Sa peau était d'une chaleur fiévreuse. J'ai baissé les yeux vers nos mains liées puis vers son visage.

– Donne-moi une chance, Ellie, a-t-il murmuré en me scrutant avec inquiétude.

Je l'ai regardé dans les yeux, aussi profondément que possible, et je n'y ai vu aucune trace d'amusement ou de mensonge. «Je plais vraiment à ce garçon, ai-je pensé, incrédule. Ce n'est ni une blague, ni un jeu, ni même un fantasme secret dont je ne parle jamais. Si je laisse faire les choses, ça va devenir une réalité. »

Lui donner cette chance était le truc le plus effrayant qui me soit jamais passé par la tête. J'ai donc pris la décision sans appel de ne pas y penser du tout.

Avec une profonde inspiration, j'ai rassemblé toute mon énergie pour dire un seul mot :

– D'accord.

Il a souri, les yeux plissés, comme si je venais de réaliser son plus grand rêve.

– Je te promets que tu ne le regretteras pas.

Puis il s'est penché et m'a embrassée avant que je puisse réagir. Sa bouche était douce et chaude et j'ai immédiatement frissonné au contact délicat de la peau mal rasée de sa joue contre la mienne. Ses bras m'ont enlacée et m'ont serrée contre lui, me soulevant légèrement de mon fauteuil.

C'était mon premier vrai baiser. Et je ne pensais qu'à une seule chose : la rumeur se confirmait, les trompettistes ont des lèvres hallucinantes.

Chapitre 10

Comme Connor n'avait que quinze ans, il ne pouvait pas me ramener en voiture chez moi. Il s'était donc arrangé avec Kristen, au cours de leur discussion à cœur ouvert à la soirée, pour qu'elle vienne nous chercher après le film. Ce qui voulait dire qu'elle allait tout comprendre sur-le-champ. Comprendre pour Connor et moi, je veux dire.

Quand j'ai entendu ça, ma première réaction a été de me mettre en route pour rentrer chez moi. Par les petites rues.

– Je... je ne veux pas qu'elle sache tout de suite, ai-je murmuré tout en apercevant la voiture de Kristen au coin de l'allée et en arrachant, paniquée, ma main de celle de Connor avant qu'elle puisse voir quoi que ce soit. On garde ça pour nous, d'accord ?

Connor m'a jeté un œil perplexe.

– Ne t'inquiète pas, ai-je poursuivi, fais juste comme moi. Tout ira bien.

– OK, a-t-il accepté avec incertitude. Il faudrait peut-être simplement que...

– Tout ira bien, ai-je répété, l'estomac noué. Mais, s'il te plaît... s'il te plaît, ne lui dis rien pour le moment.

Quand la voiture s'est rapprochée, j'ai découvert avec horreur que Jake était avec Kristen, à l'avant. Nos regards se sont croisés une fraction de seconde et j'ai compris qu'il se retenait de rire.

On est montés à l'arrière, et Kristen et Jake se sont retournés vers nous. Ils nous souriaient tous les deux comme si nous étions une paire de chatons qui n'existait que pour leur bon plaisir.

– Alors... ? a demandé Kristen bien lourdement, tout en rebondissant sur son siège.

– Le film était génial, c'est sympa d'être venue nous chercher, ai-je rapidement répondu en bâillant. Bon, les copains, je suis naze, moi... Ça vous embête de me déposer chez moi ?

Kristen et Jake m'ont regardée en plissant les yeux en même temps.

– Tu peux me déposer en premier, a ajouté Connor, à qui j'ai adressé un regard reconnaissant.

Qui sait ce qu'ils arriveraient à lui faire dire si je les laissais tous les trois dans la voiture ?

On a roulé en silence pendant un moment. Kristen essayait régulièrement de nous faire parler et je répondais pour nous deux. Jake n'avait pas encore dit un seul mot, j'étais prête à parier que Kristen l'avait menacé de lui casser la figure s'il se fichait de nous. Et Connor avait visiblement pris ma demande de ne rien dire au pied de la lettre et restait muet.

Kristen avait lancé mon sweat à capuche sur le siège arrière entre nous deux et Connor a trouvé ma main dessous. Il l'a serrée, son petit doigt traçant des cercles appuyés dans ma chair à la base de mon pouce.

Le trajet avait beau frôler le cauchemar, tenir sa main était un délice. Même si je ne voulais pas que l'on nous voie.

Connor a dirigé Kristen, jusqu'au croisement où je l'avais déposé la veille, et, après avoir doucement pressé le bout de mon index en guise d'au revoir, il a bondi hors de la voiture.

– À plus ! a-t-il lancé à Kristen et Jake, avant de me dire gentiment : Salut, Ellie !

Je lui ai fait un signe de la main, que j'espérais aussi anodin que possible :

– Salut.

Quand la voiture est repartie, j'ai dû me forcer à ne pas le regarder s'éloigner comme un petit chiot abandonné. J'ai eu l'impression que je n'avais jamais rien fait d'aussi difficile de ma vie.

– Oh, mon Dieu ! s'est exclamée Kristen. Allez, raconte-nous tout.

– Il n'y a rien à raconter, ai-je répliqué brièvement. Dépose-moi, s'il te plaît, c'est tout.

Elle me fixait dans le rétroviseur, les yeux écarquillés :

– Tu es en colère contre moi, ou quoi ?

– Non, juste énervée. Je sais pas trop pourquoi tu as fait ça. (J'ai poussé un soupir bien lourd.) Ce n'était pas très cool.

– Ellie, il est raide dingue de toi. Il fallait bien que je l'aide !

Jake a laissé échapper un gloussement.

– Je vous déteste tous les deux, leur ai-je déclaré.

– Oh, arrête, a couiné Jake, dégoulinant de sarcasme. Il n'y a pas de mal. Je suis sûr que ça a été la soirée de la vie du p'tit jeune.

Kristen lui a donné un bon coup sur la poitrine et j'ai roulé les yeux :

– N'importe quoi. Vous êtes nuls.

– Tu ne vas rien nous dire, alors ?

La voix de Kristen commençait à monter dans les aigus.

– Il n'y a rien à raconter, je t'ai dit. (J'ai croisé les bras.) Tu m'as piégée avec un mec de seconde et on a vu un film en attendant que tu reviennes nous chercher, point final.

– Et il ne t'a pas... heum... parlé ?

– Bien sûr que si, il a essayé, ai-je répondu, me prenant rapidement au jeu de mes mensonges. Mais je l'ai à peine écouté. Il bafouillait un truc à propos d'hier soir et j'ai finalement dû lui dire de se taire parce que je voulais regarder le film. Sérieux, il a eu du mal à s'arrêter de parler. Tout ça parce que je l'ai raccompagné hier, du coup il s'est mis en tête qu'il avait un ticket ou je ne sais pas quoi.

– Oh, a dit Kristen, dont les épaules se sont légèrement affaissées.

Je me sentais trop mal. Je venais *d'embrasser* Connor et j'avais adoré ça ! Je lui avais dit que je lui donnais une chance ! C'était minable de le casser comme ça maintenant.

Mais qu'est-ce que je pouvais faire d'autre? Admettre ce qui venait de se passer? Même pas en rêve!

Jake s'est retourné et m'a dévisagée:

– Je vous rappelle que, depuis le début, je le trouve trop jeune pour toi.

– C'est bon, Jake, a repris Kristen, la voix un peu tendue. On en a parlé. Ils auraient été super-bien ensemble, tu le sais parfaitement.

Jake s'est contenté de regarder par sa fenêtre et n'a pas répondu. Confuse, j'ai observé l'arrière de leur tête. Je n'avais encore jamais entendu Kristen rabattre le caquet de Jake. En fait, d'habitude, elle se montrait plus douce avec lui qu'avec tous les autres. Et, pour la première fois, je me suis demandé pourquoi elle ne l'avait jamais pris pour cible. Il devait être l'un des rares mecs de la fanfare avec qui elle n'avait pas flirté.

Mais je me suis dit qu'il devait y avoir un truc sacré entre meilleurs amis. Ça ficherait tout en l'air si on se mettait à sortir entre nous. Carrément tout. Et ça craindrait, en plus.

– Oh, et au fait..., ai-je marmonné. Merci beaucoup de m'avoir prévenue que ton débile de frère était à la maison, Jake. J'ai presque eu un arrêt cardiaque quand je l'ai vu hier soir.

Jake a gloussé:

– Ouais, je me doutais bien qu'il allait rôder autour des lycéennes.

– Qu'est-ce qu'il fait à la maison? a demandé Kristen.

– Je ne sais pas, il a débarqué pendant le stage... Maman a parlé d'une crise existentielle ou un truc du genre, à cause d'une fille qui l'aurait largué cet été, a expliqué Jake en haussant les épaules. On n'est pas vraiment copains, tu sais. Il est dans sa phase pénible depuis qu'il est en primaire, alors...

Je me suis mordillé la lèvre, puis j'ai commenté avec désinvolture, comme si je n'essayais pas du tout d'en savoir plus :

– Une fille l'a largué ? Mauvais karma, peut-être ? !

– Je suis un peu triste de ne pas l'avoir vu, a minaudé Kristen tout en s'engageant dans mon allée. Il est toujours aussi chaud bouillant ?

Jake a croisé les bras et l'a fusillée du regard :

– Primo, je ne suis pas là pour dire si mon imbécile de frère est chaud bouillant ou pas. Et, deuxio, non, il ne l'est pas du tout. Ce n'est pas vrai, ça, Kristen, tu ne pourrais pas arrêter deux secondes d'être obsédée par ces trucs-là ? C'est pénible, à la fin.

Surprise par son ton remonté, je les ai observés se regarder longuement. Quelque chose d'étrange et de mystérieux est passé entre eux et l'atmosphère s'est subitement refroidie et tendue.

– Bon, j'y vais, moi, ai-je dit. Merci de m'avoir abandonnée avec un petit garçon.

Ils se sont tournés vers moi en clignant les yeux, oubliant immédiatement ce qui se passait entre eux. De toute évidence, ni l'un ni l'autre n'avait capté ce que je venais de dire.

– Mais vous ne perdez rien pour attendre, leur ai-je promis en descendant de la voiture et en claquant la portière. Merci quand même de m'avoir raccompagnée.

J'ai directement filé dans ma chambre en marmonnant un simple « bonne nuit » à mes parents, qui étaient dans le salon en train de regarder un documentaire. J'ai refermé la porte et me suis lentement affalée sur mon lit, sonnée, sans plus aucune pensée pour le comportement étrange de Jake et Kristen. Mais qu'est-ce qui venait de se passer ? C'était quoi cette folie, ce soir ?

Un beau mec. À qui je plaisais. Qui m'avait serrée dans ses bras et embrassée au cinéma.

Un beau mec... qui avait *quinze ans.*

Je me suis retournée sur le ventre, j'ai enfoui mon visage dans l'oreiller et j'ai crié de toutes mes forces.

Chapitre 11

Connor m'a appelée le lendemain soir : comme quoi, j'avais eu raison de ne rien faire de toute la journée, sinon tourner autour du téléphone à attendre qu'il sonne. Quand Kristen m'a envoyé un texto pour me demander si je voulais aller regarder un film chez elle, j'ai dû inventer une excuse minable – il fallait que je travaille ma trompette –, sachant pertinemment qu'elle ne me croirait pas. Et j'ai encore dû jouer à cache-cache avec mes parents pour ne pas me retrouver coincée avec eux, à faire je ne sais quoi.

Pendant un moment, Connor et moi avons papoté de tout et de rien, discutant avec une certaine gêne de ce que nous avions fait depuis la dernière fois que l'on s'était vus (lui : faire ses devoirs, jouer avec sa petite sœur ; moi : faire mes devoirs et de la trompette, même si en fait j'avais passé la journée allongée, focalisée sur les garçons et leurs baisers). Et puis, il a dit ce que j'espérais entendre :

– J'ai pensé à toi.

J'ai eu un petit rire nerveux. Sérieux, j'ai gloussé comme une gamine :

– Mais tu es qui, *toi*?

– Qu'est-ce que tu veux dire ?

– Ben, quel genre de lycéen peut sortir des trucs pareils ?

– Je ne sais pas. Des mecs comme moi, j'imagine ?

– Mais où est-ce que tu es allé pêcher ça ?

– Je ne sais pas trop..., a-t-il répondu avec une légère inquiétude. Tu trouves ça bizarre ?

– Un peu, ai-je dit en riant. Enfin, c'est super-gentil, mais est-ce que les garçons ne sont pas censés cacher leurs sentiments sous une épaisse couche de virilité ?

Il a ri lui aussi :

– Peut-être. Mais j'ai compris que ça ne me menait nulle part avec les filles.

J'ai senti un tressaillement dans mon estomac.

– Alors, il y a eu d'autres filles ?

– Oui, des dizaines.

Il avait l'air très sérieux.

– Vraiment ? ai-je dit d'une petite voix. J'imaginais les hordes de filles qui avaient dû me précéder pour séduire un garçon qui semblait si sensible et si mûr.

J'avais du mal à croire qu'il ait spontanément évolué de la sorte.

– Pas de panique, il y en a eu, genre... une.

Cela m'a apaisée, mais pas totalement.

– Elle était comment ?

– Eh bien, elle a trente-huit ans, adore lire des polars et regarder les films de Johnny Depp.

– Quoi ?! ai-je explosé.

– C'est ma mère, a-t-il avoué en riant.

– Oh... (J'ai poussé un soupir de soulagement avant de froncer le nez.) Hé, mais ce n'est pas terrible de parler de ta mère comme ça.

– Désolé, j'ai pas pu m'en empêcher. Sérieusement, je ne suis jamais sorti longtemps avec une fille. Quelques flirts par-ci, par-là... à mon ancien lycée.

– Tu n'as que quinze ans, ai-je souligné. Tu n'as pas eu énormément de temps non plus.

– Tu continues à faire une fixette sur mon âge, c'est ça ?

– C'est que... c'est bizarre pour moi. (J'ai rongé mon ongle.) Je ne pensais pas vraiment que ça arriverait comme ça.

– C'est sûr, a-t-il répondu comme si je venais de l'informer que le ciel était bleu.

– Si tu ne l'as pas encore remarqué, les garçons de notre lycée sont plutôt désolants, ai-je poursuivi. Et plus ils sont jeunes, plus ils sont craignos. La plupart des mecs de seconde savent à peine s'habiller tout seuls le matin, alors sortir avec une fille plus âgée...

– Tu as peut-être été un peu trop difficile ? a répliqué Connor. Peut-être qu'il y a eu des mecs bien, mais que tu ne les as pas remarqués.

– Ça, j'en doute.

J'ai pensé à la débâcle avec Nathan. À l'époque, j'étais convaincue qu'il était *le* mec parfait et que nous étions faits l'un pour l'autre, et voilà où cela m'avait menée. En plus il avait trois ans de plus que moi et, logiquement, il aurait dû être beaucoup plus mûr.

Je me suis demandé comment il était maintenant, s'il continuait à briser les cœurs sur le campus. Bien sûr, je n'avais pas du tout interrogé Jake à ce sujet. Je ne voulais pas laisser croire que je pensais encore à cette histoire atroce. Nathan avait peut-être changé...

Connor a soupiré et je suis sortie de ma rêverie.

– Eh bien, je suis content que tu n'aies remarqué personne, comme ça, tu es là pour moi.

J'ai souri.

– Ouais, je crois que je suis contente moi aussi. Mais...

– Mais quoi ?

– Mais je ne pige pas... pourquoi je te plais autant, ai-je dit, mal à l'aise. J'ai été tellement dure avec toi. Ça devait être évident que je ne te voulais pas dans la section. Au début, au moins.

Connor a ri.

– Tu veux que je te fasse la liste des raisons pour lesquelles tu me plais ?

– Non !

« Si, s'il te plaît », ai-je pensé très fort.

– Ellie, tu n'es vraiment pas aussi dure que tu le crois. Et puis tu es aussi carrément mignonne quand tu cries.

– Quoi ? C'est ce que pensent les autres ?

Moi qui croyais être une terrible chef de section, qui terrorisait tout le monde. Je ne voulais pas être *mignonne* !

– Je ne sais pas. Je ne suis pas allé leur demander, a-t-il répondu. C'est mon avis à moi. En plus, je ne pouvais pas t'en vouloir d'être furieuse parce que je débarquais dans ta section. J'ai juste mis le paquet pour te montrer que j'étais assez bon.

J'ai souri.

– Et tu as réussi. Je suis désolée d'avoir douté de toi.

– Hé, je savais que c'était le seul moyen d'avoir une chance. Tu sais... avec toi.

– Ouais, tu as sûrement raison, ai-je reconnu (surtout que, s'il avait été nul, je l'aurais expulsé de la section). Alors, comme ça, tu me trouves mignonne ?

Je n'étais pas à la pêche aux compliments, je voulais simplement m'assurer que j'avais bien entendu.

– J'ai dit que tu étais mignonne quand tu criais, a-t-il corrigé. Le reste du temps, tu es carrément belle. Je n'ai jamais rencontré quelqu'un comme toi.

J'ai dû enlever le téléphone de mon oreille et me mordre la main pendant une minute pour ne pas hurler. Vous auriez fait la même chose à ma place... Personne ne m'avait jamais dit un truc pareil et je voulais être certaine que ce n'était pas une hallucination auditive, en imprimant des marques de dents sur ma main.

– Waouh... heu... merci, ai-je bafouillé, une fois redevenue une personne à peu près saine d'esprit.

– Bon, alors, quand est-ce que je te vois ? Je peux passer ce soir ?

J'ai jeté un œil sur l'horloge : il était déjà dix heures du soir et c'était dimanche. Il y avait cours le lendemain.

– Tu n'as pas une heure de couvre-feu ?

– Pas vraiment. Maman me fait confiance.

J'ai ri.

– Elle ne devrait pas, vu comment tu poursuis les chefs de section pour les embrasser au cinéma.

– Je lui ai déjà parlé de toi.

Je me suis redressée sous le choc :

– Vraiment ? Et qu'est-ce qu'elle a dit ? Elle était en colère ?

– Non, elle trouve que tu as l'air très bien. Elle était au match vendredi et elle m'a demandé de te dire que notre section était géniale, aussi bien qu'à mon ancien lycée.

– C'est sympa, tu la remercieras. (Je me suis sentie étrangement honorée.) Ça ne la gêne pas que tu sortes avec une fille plus vieille que toi ? Je suis scotchée, là.

– Et toi, tu as parlé de nous à quelqu'un ?

– Comme qui ? ai-je demandé d'un air innocent.

– Tes parents, Kristen, je ne sais pas, moi...

– Nooon, ai-je reconnu lentement. Il n'y a pas grand-chose à raconter pour le moment.

J'ai fait la grimace. Qu'est-ce qui m'avait prise de sortir une horreur pareille !

– Oh.

Il semblait déçu.

– Je crois qu'on devrait garder ça pour nous pendant un petit moment, ai-je dit rapidement. Je n'aime pas trop que les autres se mêlent de mes affaires... et je ne veux pas qu'ils soient au courant pour l'instant.

– Hem, oh, a-t-il répété.

– Ce n'est pas que j'en aie honte, ou honte de toi, ai-je insisté. J'aime garder les choses pour moi, c'est tout. Et c'est déjà génial comme ça.

– Je comprends, a-t-il répondu, sur le ton de quelqu'un qui n'a rien compris.

– Laisse passer un peu de temps et après je serai prête. S'il te plaît.

Il a soupiré :

– D'accord, du moment qu'on se retrouve demain après les cours.

J'ai souri, en pensant à ses baisers et à la possibilité qu'il me susurre encore une fois que j'étais belle.

– Pas de problème.

– Génial, a-t-il répondu, l'air ravi.

Nous n'avons rien dit pendant quelques secondes jusqu'à ce que je ne puisse plus me retenir de lui demander :

– Connor ?

– Ouais ?

– Pourquoi tu te fais déposer au 7-Eleven ?

Un lourd silence s'est abattu sur la ligne.

– Mais bon, si tu ne veux pas en parler, je...

– Non, c'est bon, tu peux me poser la question...

Il a marqué une pause.

– Alors ? ai-je doucement insisté.

– Je ne suis pas sûr de vouloir en parler.

Il s'est raclé la gorge.

– OK, ai-je répondu avec un léger sentiment de rejet.

Mon cerveau tournait à toute allure, essayant de trouver de quoi il pouvait bien s'agir. Sa mère pesait peut-être deux cent cinquante kilos et il ne voulait pas qu'on la voie ? Non, ça n'avait pas de sens... Il avait dit qu'elle était au match. Ou alors elle entassait les choses chez eux et leur maison débordait de vieux journaux et d'un bric-à-brac infâme acheté sur eBay ? Sauf qu'apparemment, ils venaient juste d'emménager ici… Mais qu'est-ce qu'il pouvait bien cacher, bon sang ?

– Je sais que c'est bizarre. Mais, tu vois, tu n'as pas envie de parler de nous aux autres et moi, je n'ai pas envie de… parler de ça.

– Ouais, mais…

Je voulais souligner que le fait de détester, radicalement, mais fort raisonnablement, que les autres parlent de ma vie amoureuse n'avait pas grand-chose à voir avec les énormes secrets de famille qu'il semblait dissimuler. Et que, en tant que quasi-« petite copine », j'aurais sûrement dû être au courant.

– Je te promets de te le dire un jour, d'accord ?

J'ai hésité. Mais qu'est-ce que je pouvais dire d'autre ?

– D'accord, il n'y a pas de problème.

Il y a eu un autre silence inconfortable et je me suis mordu la lèvre.

– Bon, et puis, ai-je enchaîné, qu'est-ce que c'est que cette histoire : je suis mignonne quand je crie ?

– Tu veux que je te le redise ?

J'ai perçu un sourire dans sa voix. Le malaise était dissipé.

– Oui, s'il te plaît.

Chapitre 12

Le lendemain, la répétition a été une vraie torture. On travaillait sur les schémas de la chorégraphie d'un nouveau morceau et il fallait que je sois totalement concentrée sur les musiciens de ma section afin de m'assurer qu'ils suivent précisément le diagramme et aillent bien là où ils étaient censés aller.

Mais je n'arrêtais pas de voir passer Connor, de le regarder, de penser à ce qui allait arriver après les cours, de rêver que je l'embrassais... Lui avait les yeux braqués sur moi, avec son grand sourire. Je devais alors m'arracher à ma rêverie et je me retrouvais à me demander où j'étais !

Je savais que les autres trompettes se rendaient compte que je n'étais pas dans mon état normal. La preuve : j'étais trop distraite pour hurler sur qui que ce soit !

J'avais conscience de chacun des pas de Connor, comme si nous étions reliés par une étrange connexion psychique.

Je devais faire appel à toute ma volonté pour ne pas tendre le bras et le toucher chaque fois qu'il se rapprochait de moi. Il me regardait du coin de l'œil, avec un grand sourire, comme s'il avait su à quel point il m'était difficile de rester loin de lui.

Il va sans dire que, ce jour-là, ma section a dû se débrouiller toute seule. Je n'étais pas exactement un modèle d'efficacité.

– Qu'est-ce qui t'arrive ? m'a demandé Brandy. Je m'étais fait reprendre bruyamment par M. Barr – avec le mégaphone ! – parce que toute la section trompettes était du mauvais côté de la ligne de milieu de terrain.

– Rien, ai-je abrégé en cherchant Connor du regard pardessus mon épaule. Cette chorégraphie est compliquée, c'est tout.

– Mouais, a-t-elle dit en me scrutant, les yeux plissés. Je ne t'ai jamais vue comme ça. Au moins pas depuis très longtemps... depuis...

– J'en ai peut-être marre de la fanfare, ai-je dit d'un ton sarcastique.

Qu'est-ce qui lui prenait tout à coup de s'occuper de mes affaires ? On n'était pas copines, que je sache.

– Comme tu veux, Ellie, a-t-elle répliqué en roulant les yeux. Je me doutais bien que tu ne me dirais rien, de toute façon.

J'étais à ce moment-là complètement distraite par Connor qui venait de frôler mon bras en passant à côté de moi, déclenchant comme un électrochoc à travers tout mon corps. J'ai même failli en tomber par terre.

Le regard de Brandy est passé plusieurs fois de Connor, qui s'éloignait, à moi, comme si elle assemblait les pièces d'un puzzle. J'ai vite filé avant qu'elle ait le temps de me poser une autre question.

Après la répétition, c'était l'heure du déjeuner et beaucoup de musiciens de la fanfare étaient assis ensemble à une rangée de tables près de la fenêtre de la cafétéria. Connor s'est installé pile en face de moi, et Kristen, qui était à côté de moi, m'a donné un bon coup de coude dans les côtes.

– C'est la première fois qu'il s'assoit avec nous, a-t-elle sifflé dans mon oreille. Il est complètement obsédé par toi.

Je n'ai pas répondu à son commentaire, mais j'ai lentement levé les yeux vers Connor, qui regardait dans une autre direction et semblait faire de son mieux pour ne pas rire. J'étais certaine qu'il avait entendu Kristen.

Lorsqu'elle a compris que je n'allais pas lui répondre, elle s'est à nouveau penchée vers moi tout en glissant ses boucles de cheveux bruns derrière son oreille, et a chuchoté à toute vitesse :

– Tu ne crois pas ? qu'il est obsédé ?

– Kristen, sérieux, laisse tomber.

J'ai grignoté mon sandwich.

– Ce n'est pas si grave qu'il soit plus jeune, tu sais. (Kristen ne murmurait quasiment plus.) Ben oui, Demi Moore avait vingt ans de plus qu'Ashton Kutcher... et ils se sont même mariés !

Aaron, qui était assis à côté de Connor, l'a entendue parler et s'est étalé sur la table en claironnant :

– Qu'est-ce qu'elle a, Demi Moore ? Moi, je la trouve toujours super-sexy.

– On ne parle pas d'elle ! ai-je rétorqué sèchement, me retenant de jeter un œil à Connor, ce qui était une performance vu qu'il était à moins d'un mètre.

– Aaron, ça te gênerait, toi, de sortir avec une femme plus âgée ? lui a demandé Kristen sur le ton de la conversation, en me lançant un regard narquois.

Je devais être rouge comme une pivoine.

– Pas du tout, a répondu Aaron, pensif, tout en enlevant un morceau de pepperoni de sa pizza et en l'examinant comme s'il détenait toutes les réponses. Les femmes plus âgées ont plus d'expérience, tu sais.

– Et voilà, tu as tout dit, a lâché Kristen comme si l'affaire était réglée.

J'aurais pu rétorquer que ce n'était absolument pas vrai dans mon cas, je n'avais pas plus d'expérience parce que j'étais plus vieille, mais ce n'était pas la peine d'informer la terre entière de mon manque d'expérience amoureuse.

Surtout en présence de celui que j'espérais embrasser après les cours.

Connor s'est mêlé à la conversation :

– À mon avis, l'âge n'a aucune importance. Ce qui est important, c'est les deux personnes et leurs sentiments. Un truc aussi débile que l'année où on est né ne devrait pas empêcher... de s'aimer.

Kristen et Aaron ont regardé Connor comme s'il venait de dire quelque chose de très profond.

– C'est trop beau, mec, s'est extasié Aaron.

Kristen a lentement hoché la tête, puis a pivoté vers moi avec des yeux ronds comme des soucoupes.

Jusqu'à la fin du déjeuner, j'étais ultra-consciente de la présence de Connor et, chaque fois que nos pieds se frôlaient sous la table, je devais m'empêcher de sursauter. Kristen ne me quittait pas des yeux et je ne pouvais pas trop regarder vers Connor. Tout en sachant qu'il fallait quand même que je le regarde un peu, sinon elle aurait compris que je faisais exprès de ne pas le regarder...

Ça a été la pause-déjeuner la plus stressante de ma vie !

Mais Connor a tenu sa promesse ; il n'a rien dit d'autre de suspect et personne n'a pu se douter de quoi que ce soit. Alors que je sortais de la cafèt', il s'est débrouillé pour me tendre un morceau de papier plié en deux sans que personne le remarque. Je l'ai fourré dans ma poche et lui ai fait un sourire d'un millième de seconde avant de rejoindre Kristen à toute allure.

– Tu es sûre qu'il n'y a rien entre toi et Connor, alors ? m'a-t-elle demandé tandis que nous nous dirigions vers notre prochain cours, comme si je l'avais sciemment trahie.

– Honnêtement, Kristen ? ai-je soupiré en faisant tout mon possible pour ne pas penser au petit mot dans ma poche que je sentais précisément contre ma hanche. S'il te plaît, arrête avec ça.

– Mais j'ai essayé, a-t-elle poursuivi tristement, j'aurais mis ma main à couper qu'il allait se passer un truc au cinéma.

Je savais que Kristen ne pouvait pas supporter l'idée de gâcher une occasion de flirt.

J'ai levé les yeux au ciel :

– Merci de me rappeler que tu m'as piégée. C'était carrément nul, tu sais.

– Ellie, un mec trop mignon m'a dit que tu lui plaisais, ce qui n'arrive pas tous les jours quand même, j'ai juste essayé...

– Je sais, l'ai-je interrompue. Tu as juste essayé d'aider.

Nous nous sommes arrêtées devant la section des langues étrangères.

– Tu promets que tu me le dirais s'il se passait quelque chose entre vous, pas vrai ? m'a-t-elle demandé avec sa voix suppliante (ça marche toujours avec tous ses petits-copains-du-mois, mais j'ai acquis une sérieuse immunité contre ses suppliques).

– Mouais, bien sûr, je te dirais. S'il y avait quelque chose à dire. Mais il n'y a rien du tout.

J'ai croisé mes doigts sous le livre d'espagnol que je tenais à la main.

Elle m'a lancé un regard lourd de reproches et s'est éloignée. Je me suis mordillé la lèvre inférieure, je me sentais un peu coupable. Kristen était l'une de mes meilleures amies, après tout. Et elle me racontait toujours tout. Que je veuille l'entendre ou pas.

Mais je me suis ensuite rappelé que le dire à Kristen revenait à envoyer un mail collectif à tout l'orchestre au sujet de ma vie amoureuse, avec tous les détails en prime. Et c'était une des choses qui me tentaient le moins sur terre – juste après demander à ma mère de me donner des cours de méditation.

Dès que je suis entrée en cours d'espagnol, je me suis assise et j'ai extirpé de ma poche le petit mot de Connor. Son écriture était étonnamment lisible pour celle d'un garçon, et son mot, court et tendre.

E.,

Je pense à toi et à tout à l'heure après les cours. Tu es très mignonne aujourd'hui. ☺

C.

J'ai souri et j'ai pensé à notre baiser tout en repliant le mot. L'après-midi allait être long.

Chapitre 13

Après un après-midi qui avait semblé durer six jours, j'étais enfin seule avec Connor dans ma voiture. Il avait fallu déployer des tactiques d'esquive dignes de la CIA pour qu'il me rejoigne sans que personne le voie. Je lui avais dit d'attendre derrière le bâtiment près du parking de livraisons et j'ai ensuite emprunté la voie de service pour quitter l'école plutôt que l'allée normale, où on aurait pu nous remarquer.

Ouais, je sais. C'est consternant.

– Bon, alors, où est-ce qu'on va ? m'a-t-il demandé en bouclant sa ceinture de sécurité.

– Je... je ne sais pas.

C'était horriblement embarrassant d'admettre que je ne savais pas ce que faisaient les filles et les garçons qui flirtaient après les cours. Ce qu'ils faisaient *ensemble*, je veux dire. D'ordinaire, je rentrais chez moi pour profiter de la maison sans ma mère et travailler ma trompette. Mais je me doutais bien que Connor apprécierait moyennement de m'écouter jouer mon solo dix ou vingt fois d'affilée.

– Qu'est-ce que tu fais d'habitude après les cours ?

J'espérais l'entendre me donner un indice. J'ai jeté un œil furtif vers lui, il semblait mal à l'aise et un peu peiné.

– À mon ancien lycée... enfin, je veux dire, à mon ancienne maison, je passais du temps avec mes copains et on jouait beaucoup au frisbee. On allait dans un parc près de l'école.

Je lui ai souri :

– C'est trop drôle. J'ai un frisbee dans le coffre. On y jouait souvent avant, avec mon père. Avant qu'il se mette à travailler beaucoup.

Il s'est tourné vers moi et m'a lancé un regard espiègle :

– Il n'y a pas un parc pas loin ?

– Je connais l'endroit parfait.

Je pensais à un parc près de chez moi avec une grande pelouse qui était presque tout le temps vide.

– Et tes copains, ils étaient tristes que tu partes ?

Connor n'a rien répondu pendant un moment, si bien que je l'ai regardé. Sur son visage est apparue une expression mélancolique, comme s'il préférait oublier certaines choses.

– Désolée, ai-je repris rapidement. Je ne voulais pas te tirer les vers du nez.

– Non, c'est bon. Ouais, j'imagine qu'ils étaient tristes.

Quand il est devenu évident qu'il n'allait pas s'étendre davantage sur le sujet, je me suis contentée d'un « Oh ! ».

– Je n'ai pas eu beaucoup de temps pour leur dire au revoir. J'ai déménagé plutôt... vite.

Est-ce que je devais lui en demander plus ou pas ? ai-je débattu avec moi-même. J'ai finalement décidé d'abandonner pour le moment. On n'était ensemble que depuis un jour. Et je ne pouvais pas m'attendre à ce qu'il me dévoile aussitôt ses secrets les plus sombres.

J'ai soupiré et j'ai vu du coin de l'œil que Connor me regardait. Il s'est penché et a posé la main sur ma jambe, à peine au-dessus de mon genou. Je sentais la chaleur de sa peau au travers de mon jean. C'était fou comme il était tout le temps bouillant.

– Je suis désolé, a-t-il déclaré calmement. Je sais que... j'ai l'air un peu bizarre.

Nous nous sommes arrêtés à un feu rouge et mes yeux sont passés de ses doigts sur ma jambe à son visage. Sans penser à ce que je faisais, j'ai pris son visage à deux mains, je l'ai tiré vers moi et je l'ai brusquement embrassé sur les lèvres. Quand je l'ai relâché, il avait les yeux fermés. Il les a lentement rouverts, l'air halluciné.

– Il n'y a pas de problème, lui ai-je dit, le souffle court. Je suis un peu bizarre moi aussi.

Je suis allée au-delà de mes limites pour que notre partie de frisbee surpasse toutes les autres. Embrasser un garçon ne m'était jamais venu naturellement, et j'avais l'habitude de lever les yeux au ciel devant les filles qui minaudaient avec leur tonne de maquillage et gloussaient aux blagues débiles des athlètes. Cela m'avait toujours semblé si bête et inutile. Les gens ne pouvaient-ils pas être normaux ?

Mais j'ai commencé à comprendre tout le plaisir de l'affaire quand Connor m'a taclée en plaisantant pour la deuxième fois. J'ai pouffé, je l'ai repoussé et j'ai prétendu qu'il m'avait tordu le poignet pour qu'il m'aide à me relever. Il souriait tout le temps et je ne pouvais m'empêcher de faire la même chose, comme si nous avions tous les deux chopé le même virus.

Au bout d'une heure à se lancer le frisbee, on s'est assis dans l'herbe, dans l'ombre mouchetée de soleil, à quelques millimètres l'un de l'autre. J'avais chaud, j'aurais pu m'endormir, et Connor a passé son bras autour de moi. Je me suis laissée aller contre lui.

C'était si bon de s'appuyer contre quelqu'un.

– Ellie ? a-t-il soufflé au bout de quelques minutes, d'une voix timide.

– Hemm ?

J'ai gardé les paupières closes, savourant le contact de son épaule solide contre mon cou.

– Pourquoi tu as si... (il a hésité un long moment)... peur des garçons ? Qu'est-ce qui t'est arrivé ?

J'ai ouvert les yeux et j'ai senti mon corps se raidir, tout de suite sur la défensive. « Calme-toi, calme-toi, me suis-je répété. Il ne veut rien dire de spécial et ça serait plutôt honnête qu'il sache dans quoi il s'embarque. »

– J'ai eu une mauvaise expérience, ai-je répondu en tentant de garder une voix calme et neutre. Quand j'étais en troisième, un mec de terminale a... s'est fichu de moi. Et il faut croire que je n'ai pas eu trop envie de remettre ça.

Il y avait sûrement de grandes chances que Connor en ait déjà entendu parler, surtout qu'il avait parlé de moi et de ma vie amoureuse avec Kristen.

Et j'avais beau ne jamais aborder le sujet, la rumeur courait toujours dans la fanfare que Nathan s'était conduit comme un abruti de première avec moi et que je ne m'en étais jamais remise. Du moins en apparence, puisque je n'étais sortie avec personne depuis.

Connor avait une mine perplexe.

– D'accord, très bien, voici ce qui s'est passé.

Et je lui ai raconté toute l'histoire. J'étais en troisième, toute bécasse et naïve. Nathan était mon chef de section et le mec le plus sexy que j'avais jamais vu. En plus, il était en terminale, ce qui lui donnait une aura de maturité et d'expérience indéniable (ça me faisait bien rire, maintenant que j'avais le même âge que lui à l'époque !). J'avais rapidement eu un béguin énorme et destructeur pour lui ; je le suivais presque partout comme un bon petit toutou obéissant en manque d'attention. Et lui, dans toute sa splendeur de mec, semblait apprécier le manège et jouait le jeu de la séduction.

J'imaginais qu'on allait se tenir la main, qu'il me demanderait d'être sa cavalière pour le bal de la *prom*, qu'on se marierait et qu'on aurait plein de bébés incroyablement beaux et doués pour la musique.

Cette année-là, Brandy Jenkins et moi étions meilleures amies, et je lui avais parlé de Nathan et de ma certitude absolue que nous étions faits l'un pour l'autre. Mais Brandy devait être alors possédée par Satan ou je ne sais quoi et elle avait décidé comme une grande de le dire à *tout le monde*, y compris l'intéressé.

Apparemment, cela avait beaucoup amusé Nathan et il s'était mis à me lancer des sourires narquois et à faire des plaisanteries bizarres qui me laissaient en vrac ; normal, pour une gamine de quatorze ans. Brandy, qui s'était totalement métamorphosée en une garce de première, avait affirmé que je lui plaisais aussi et m'avait conseillé « d'aller le voir et de lui parler », de lui dire ce que je ressentais et de l'*embrasser* avant qu'il ne réponde. Ça serait romantique, comme dans un film.

Et c'est exactement ce que j'avais fait. À une soirée de la fanfare.

Je ne sais toujours pas comment j'en ai eu le courage... La seule idée de refaire un truc pareil suffit à me tordre les boyaux. Mais Brandy était alors ma meilleure copine, elle avait déjà eu des petits copains en quatrième et j'ai simplement cru qu'elle disait la vérité.

Ça a été la dernière fois que je faisais l'erreur de l'écouter : parce que, une fois que j'ai eu embrassé Nathan, il a explosé de rire. Genre plié en deux, les yeux fermés, complètement hystérique.

Par la suite, j'ai découvert que Brandy n'avait jamais cessé de dire des horreurs sur moi dans mon dos ; elle racontait qu'elle ne m'avait jamais trouvée sympa, que j'étais une bêcheuse, que je me la jouais et que j'avais besoin que l'on me remette à ma place. Apparemment, une humiliation publique ferait l'affaire.

Pratiquement tous les musiciens de la fanfare étaient présents à cette fête, témoins de ma honte (puisque Brandy, pariant gros sur sa popularité, avait raconté à tout le monde ce que je comptais faire ce soir-là). Et, jusqu'à la fin de l'année (et toutes les années suivantes), je suis passée pour la fille lambda de troisième qui croyait avoir un ticket avec Nathan Armstrong, le mec le plus sexy de la fanfare.

Enfin, jusqu'à ce que je devienne la meilleure joueuse de trompette et que je leur rabatte le caquet à tous.

Pouvait-on vraiment m'en vouloir d'être un peu traumatisée et méfiante après un drame de cet acabit ? Qui pouvait raisonnablement survivre à un truc pareil sans de profondes et sanguinolentes cicatrices impossibles à vraiment guérir ?

Je m'étais un peu vengée en cabossant la trompette de Brandy. M. Barr avait cru qu'elle l'avait fait exprès et elle avait dû assister aux répétitions assise sur un banc pendant une semaine, le temps que sa trompette soit réparée. Secrètement, je pensais qu'elle n'avait jamais rattrapé son retard en pas cadencés et, depuis ce jour, je pouvais lui en mettre plein la vue sur le terrain dès que j'en avais envie.

Et je ne m'en privais pas. D'en avoir envie, je veux dire.

– Mais c'était il y a trois ans, non ? a gentiment demandé Connor, me sortant de ma nostalgie douce-amère. En trois ans, tu n'as pas rencontré quelqu'un qui soit sympa, à qui tu puisses faire confiance ?

Je me suis tournée vers lui, l'ai fixé et il s'est mordu la lèvre en croisant mon regard, l'air inquiet. Il était trop craquant.

– Maintenant, si.

J'ai souri et me suis penchée pour l'embrasser.

Il a accepté mon baiser, mais, après quelques glorieuses secondes, il s'est dégagé.

– Non, sérieux, je m'en veux de toujours ramener ça sur le tapis, a-t-il dit, mais je crois que je ne comprends pas bien... enfin, pourquoi tu as été seule si longtemps.

Je n'ai pas pu réfréner un petit soupir de frustration.

– Tu ne comprends pas quoi ? Qu'un mec a été un salaud avec moi, qu'il m'a menée en bateau et s'est moqué de ma bêtise et de mon inexpérience ? Et qu'après tout ça, je n'ai pas eu envie de laisser quelqu'un d'autre recommencer ?

Je ne voyais pas du tout pourquoi les autres avaient autant de mal à comprendre. Ils semblaient tout heureux de s'étaler à chaque soirée, déballant leurs secrets et ouvrant leurs cœurs, exhibant leurs espoirs et leurs sentiments, tout ça pour découvrir le lendemain que leur interlocuteur en avait parlé à une quarantaine de copains.

J'avais l'impression d'être l'anormale qui attendait sur la ligne de touche que tout le monde ait suffisamment grandi pour se traiter enfin avec un minimum de respect. Mais ce n'était pas facile de les voir traîner ensemble, se tenir la main et s'embrasser aux fêtes ; j'avais conscience que je passais sûrement à côté de quelque chose, mais j'avais aussi trop la trouille de m'y risquer.

Jusqu'à très récemment, en tout cas.

Connor s'est penché vers moi et a glissé une de mes mèches rebelles derrière mon oreille :

– Je suis désolé.

– Ce n'est pas de ta faute. Tant que tu ne me largues pas demain et que tu ne racontes pas ensuite à tout l'orchestre que je ne sais pas embrasser, tu auras déjà été le meilleur de tous mes petits amis.

Il a passé ses deux longs bras autour de moi et m'a rapprochée de lui. Ma tête appuyée sur sa poitrine, j'ai soudain eu envie de pleurer.

– Je sais que je suis un peu folle, ai-je bredouillé d'une voix étranglée. Je sais que je ne me comporte pas toujours comme une fille normale et que les autres disent que je suis une peau de vache. Mais ce n'est pas vrai, je te promets. Fais juste attention à moi... s'il te plaît.

Oh, mon Dieu, que c'était humiliant. Je le connaissais depuis une semaine et je gémissais déjà dans ses bras comme une tragédienne. J'étais certaine de ne pas avoir pleuré comme cela depuis des années, sûrement depuis l'histoire avec Nathan. Au moins, à l'époque, j'avais pleuré seule dans ma chambre.

Connor ne semblait pourtant pas me prendre pour une dingue. Il a murmuré des mots apaisants et m'a doucement caressé les cheveux jusqu'à ce que mes larmes s'arrêtent et que je me calme enfin.

Après avoir reniflé pendant quelques minutes, j'ai ri d'un air morose :

– Eh bien, si tu ne savais pas que j'étais tarée avant ça, maintenant tu es fixé.

– Ellie, tu n'es pas tarée, a-t-il dit fermement. On a tous nos problèmes et le tien, c'est ça. Il n'y a pas de raison d'avoir honte.

J'ai levé des yeux incrédules vers son visage :

– Tu as quinze ans. Comment est-ce que tu peux parler comme ça ? Qu'est-ce que tu peux en savoir ?

– Tais-toi.

Connor m'a serrée contre lui avec un sourire canaille.

Chapitre 14

Une petite heure plus tard, nous roulions vers l'endroit habituel où je déposais Connor et j'avais l'impression d'être amoureuse du monde entier. J'envoyais des baisers imaginaires à tous les centres commerciaux atroces que nous dépassions, à toutes les entrées hideuses de lotissements... Je savourais le coucher de soleil sur l'horizon plat et monotone du Michigan, la sensation du vent chaud de fin d'été qui s'engouffrait dans la voiture. La vie était parfaite et je me suis tournée pour lui faire un grand sourire.

Connor m'a souri lui aussi :

– Bon, on peut en parler demain ?

Mon sourire s'est évanoui à l'idée d'un monde où Connor et moi marcherions main dans la main, devant tout le lycée. Un monde où nous assisterions aux matchs assis l'un à côté de l'autre dans les tribunes et danserions ensemble aux fêtes de la fanfare, enlacés, nous embrassant sous les yeux de tous les autres. Soumis à leurs jugements.

J'ai frissonné :

– Ben, en fait... (Je cherchais désespérément une excuse.) On ne peut pas attendre une semaine ou deux ? C'est vrai, quoi, pourquoi on devrait se presser ?

Il a eu l'air déçu :

– *Pourquoi* on devrait se presser ? Qu'est-ce qu'il y a, tu es gênée ?

C'était une bonne question, évidemment. Surtout que la réponse était clairement « Oui, je suis gênée ». Pas uniquement par Connor, bien sûr, mais par la situation. Par la simple idée que les gens parlent de moi sur un sujet aussi privé que ma vie amoureuse. Avec... un mec de seconde.

– Ce n'est pas toi qui me gênes, ai-je insisté. Mais rappelle-toi que tu as dit que c'était mon problème et que tu comprenais complètement...

Il a hoché la tête, la mine perplexe.

– Est-ce qu'un mec super-mûr pour son âge ne se dirait pas que j'ai besoin de temps pour digérer tout ça ?

J'étais assez fière de ma justification, mais elle n'a visiblement pas convaincu Connor.

– Non. Il dirait qu'il faut que tu dépasses ça, que tu passes à la suite et que tu arrêtes d'avoir la trouille.

J'ai soupiré :

– Tu m'as promis de me laisser du temps, non ?

Il a soupiré lui aussi et m'a pris la main :

– Une semaine. Qu'est-ce que tu en dis ? Je peux difficilement faire plus avec une relation secrète et illicite.

J'ai mâchouillé l'intérieur de ma joue tout en m'engageant dans le parking du 7-Eleven, où je me suis garée.

Une semaine, c'était long, ça me laissait du temps pour réfléchir. Ou, en tout cas, pour le convaincre du charme de la discrétion. C'est vrai, quoi ? On pouvait bien continuer comme ça, pour toujours, non ? Personne n'avait besoin d'être au courant.

– Eh, une relation secrète et illicite, c'est plutôt excitant, non ?

Il m'a rapprochée de lui et m'a embrassée avec fougue, pressant son corps contre le mien, pour finir en mordant légèrement ma lèvre inférieure.

– Plutôt, ouais, a-t-il confirmé d'une voix rauque. Mais pas pour toujours. Je veux qu'à un moment, les autres sachent que tu es ma copine.

Puis il est descendu de la voiture après m'avoir rapidement embrassée. Il m'a fait un signe de la main en souriant et s'est éloigné. Je continuais à respirer fort et n'ai pu m'empêcher de toucher mes lèvres... Elles étaient délicieusement fendillées et un peu engourdies par tous ces baisers.

Je suis rentrée chez moi, oscillant entre une glorieuse euphorie post-baiser et une panique horrifiée à l'idée de ce qui allait se passer par la suite. Les gens allaient finir par découvrir que j'avais une histoire avec un petit jeune et cette idée me terrifiait.

Les gens... y compris mes parents, me suis-je rappelé en m'engageant dans notre allée. Trois ans plus tôt, alors que j'avais le cœur brisé et que j'avais encore besoin du réconfort de maman, je lui avais raconté le fiasco avec Nathan dans tous ses détails. J'étais une gamine, à l'époque.

Évidemment, elle m'avait suggéré de quitter immédiatement la fanfare et de me faire de nouveaux amis. De préférence des personnes impliquées dans des activités plus intéressantes que défiler en cercle sur un terrain de football.

Je n'avais pas démissionné, et cela avait été l'un de nos premiers désaccords (ils seraient nombreux) au sujet de la fanfare. Ils s'étaient quand même atténués à mesure que ma mère avait pris conscience que je ne risquais pas d'abandonner le seul groupe où je me sentais chez moi. Elle ne comprenait pas comment je pouvais passer du temps avec des gens qui s'étaient moqués de moi, et je n'ai jamais reconnu qu'à mon avis je méritais bien leurs moqueries, vu à quel point j'avais été niaise. Comme je n'ai jamais reconnu que j'aimais trop la fanfare pour la quitter. Surtout à cause d'un abruti.

Il était tard et, comme d'habitude, papa était encore au bureau. Je dînais seule avec maman quand elle m'a demandé où j'avais passé l'après-midi.

– Oh, j'étais... heum... (Je me suis agitée inconfortablement sur ma chaise.) À la bibliothèque.

Je ne sais pas comment j'ai réussi à dissimuler mon embarras d'avoir sorti une excuse aussi bateau. Ma mère m'a lancé un bref regard suspicieux, mais ne m'a rien demandé d'autre.

Plus tard ce soir-là, je travaillais ma trompette, lorsque le téléphone a sonné. J'ai plongé au travers de ma chambre pour saisir l'appareil, certaine que c'était Connor, mais maman a été plus rapide. Quand j'ai décroché et que j'ai entendu Connor demander si j'étais là, j'ai dit à ma mère que c'était bon, j'étais en ligne.

– D'accord, ma chérie, a-t-elle répondu en réfrénant mal sa curiosité avant de raccrocher.

Après une longue et tendre conversation avec Connor – au cours de laquelle il m'a susurré que j'étais magnifique chaque fois que je le lui demandais –, j'étais allongée sur mes coussins, heureuse, lorsque maman a frappé à ma porte et est entrée dans ma chambre sans attendre que je lui réponde. Elle a jeté un œil à ma position sur le lit, puis s'est perchée sur le rebord de mon siège de bureau :

– C'était qui ?

– Quoi, c'était qui ? ai-je demandé d'un air innocent en me redressant.

– Au téléphone. Je sais bien que ce n'était pas Jake. Je n'ai pas reconnu sa voix.

J'ai pris l'expression la plus neutre possible :

– Juste un garçon de ma section qui avait des questions.

Je ne risquais pas de lui parler de Connor. J'étais prête à parier un million de dollars qu'elle trouverait ça déplacé à cause de son âge et qu'elle m'interdirait de le voir. Ça ne m'empêcherait pas de le faire, bien sûr, mais ça rajouterait une bonne couche de drame dont je n'avais pas du tout besoin.

L'idée que les gens de mon âge sachent que je sortais avec quelqu'un était déjà gênante, alors que *ma mère* le sache... Je préférais encore peloter Connor en plein hall du lycée plutôt que lui dire qu'un garçon fourrait régulièrement sa langue dans ma bouche.

– Et il t'a fallu tout ce temps pour répondre à quelques questions ?

– Il était complètement... paumé. J'ai dû revoir plein de choses avec lui. Des trucs de chef de section, tu vois. Tu ne comprendrais sûrement pas.

Ma mère m'a regardée en fronçant les sourcils.

– Ellie, tu m'en parlerais s'il y avait quelque chose ?

Depuis quand ma mère et Kristen s'exprimaient-elles comme des sœurs jumelles ? Je n'ai pas pu m'empêcher de les imaginer en train de se montrer des petits mots roses et parfumés dans mon dos.

– Maman, il ne se passe rien du tout, c'est pas vrai, ça !

Elle aussi a soupiré et j'ai lu sur son visage qu'elle ne me croyait pas une seconde.

– D'accord, mais je veux juste que tu saches que tu peux tout me dire. Même si tu n'as pas envie d'en parler à papa. On peut garder ça entre filles. Je veux que l'on puisse parler toutes les deux de tout ce qui se passe dans ta vie. Je veux être ton amie, ma chérie.

– Pfiou, ai-je soufflé, accablée. Ça suffit... Ce n'est pas parce qu'un garçon m'appelle et que je discute cinq minutes avec lui que l'on doit en parler entre quatre z'yeux.

– Je sais, je sais.

Elle a levé les mains, sur la défensive :

– Mais tu n'avais encore jamais parlé pendant quarante minutes avec un garçon. Et je voulais être sûre...

– Tu m'as chronométrée ? ! ai-je demandé avec dégoût.

Maman a tripoté ses bagues :

– J'ai remarqué l'heure, c'est tout.

Je l'ai regardée droit dans les yeux, plutôt surprise de voir avec quelle facilité je mentais malgré mon peu d'entraînement :

– S'il se passait quoi que ce soit, je te le dirais, maman, je te promets.

Elle a semblé légèrement rassurée et s'est penchée vers moi pour me lisser les cheveux :

– D'accord, ma puce. N'hésite pas à venir me voir si tu... si tu as des questions. Je suis là pour t'aider et j'ai l'impression que tu t'éloignes un peu plus de moi chaque jour.

J'ai gloussé intérieurement à l'idée de demander conseil à ma mère sur ma vie amoureuse, ce qui attirerait certainement des recommandations du style : « Il faut d'abord que tu connaisses ses positions politiques ! » et « Il faut toujours partager la note ! » ou un truc du même genre, complètement à côté de la plaque.

Je suis quand même parvenue à sourire sincèrement à sa proposition et à la laisser toucher mes cheveux sans faire de geste brusque de la tête pour l'éviter. Elle essayait vraiment de me soutenir.

– D'accord, maman, je t'en parlerai si j'ai besoin d'aide.

Elle a souri et s'est levée, mais s'est arrêtée à la porte :

– Jake est vraiment un garçon bien, tu sais.

Confuse, je l'ai regardée en plissant les yeux :

– Quoi ?

– Jake, ce garçon avec qui tu passes du temps. Le tambour-major. Il ne t'a jamais proposé une sortie ?

Je n'ai pas pu m'empêcher de rire. Jake était franchement la dernière personne à qui je pensais en ce moment.

– Maman, Jake est mon ami.

– Je sais, a-t-elle dit en me lançant un regard bizarre, comme si elle ne savait pas comment formuler sa pensée. Mais ça fait longtemps qu'il est dans les parages.

– Parce que c'est mon ami, ai-je répété aussi lentement que si nous ne parlions pas la même langue (le moment « mère-fille » était complètement gâché là, bravo, maman !). Les filles et les garçons peuvent être simplement amis maintenant, tu sais, ce n'est plus comme quand tu étais petite, au XIXe siècle.

J'ai entrevu sur son visage que je l'avais blessée.

– Ellie, sois gentille.

Classique. Dans sa tête, rien n'était plus important que paraître gentille. J'ai roulé les yeux et croisé les bras :

– S'il te plaît, sors de ma chambre. C'est assez gentil comme ça ?

Elle est partie et je me suis laissée retomber sur mes coussins, avec une bonne dose de culpabilité. C'était tout ma mère, ça : elle essayait de vous aider et vous finissiez comme une loque.

Chapitre 15

La semaine s'est écoulée dans une atmosphère brumeuse de secret vaporeux et, la plupart du temps, je marchais avec un sourire débile sur le visage. Aller au lycée était un moyen de tuer le temps jusqu'à l'après-midi, quand Connor et moi hantions notre coin du parc, à l'abri des regards curieux.

Et tous les soirs, dès que j'étais de retour à la maison, nous nous envoyions des textos, ou nous discutions au téléphone quand ma mère n'était pas là pour se mêler de mes affaires.

Il avait beau ne pas en avoir reparlé directement et avoir stoïquement respecté la semaine qu'il m'avait accordée afin que je m'habitue à mon spectaculaire changement de statut relationnel, je voyais bien que Connor espérait pouvoir vite s'afficher avec moi.

– Je suis tellement heureux quand je suis avec toi, me disait-il alors que nous étions assis dans l'herbe, en me taquinant l'oreille du bout de son nez, tandis que je poussais des petits soupirs en me tortillant.

Et aussi :

– J'aimerais que l'on soit tout le temps ensemble. Même en cours. Ça serait top, non ?

En fait, je ne répondais jamais à ses déclarations, même si je ressentais la même chose. Chaque fois que je le voyais dans le couloir du lycée ou pendant les répétitions, il me fallait une volonté hallucinante pour me retenir de me précipiter vers lui et d'enfouir mon visage dans son cou.

Mais je ne pouvais toujours pas me faire à l'idée que d'autres personnes soient au courant de notre histoire, nous jugent, parlent de nous, même si je savais que chaque jour passé corsait un peu plus la situation.

Alors, je susurrais :

– C'est génial comme ça, non ?

Et :

– J'adore que ce soit un secret, rien qu'entre toi et moi et personne d'autre.

Je l'embrassais avant qu'il puisse réagir et continuais jusqu'à ce qu'il ait oublié ce dont il parlait. C'était la meilleure partie, évidemment. Je ne savais pas qu'embrasser serait si agréable. Ou que le simple fait d'y penser – quand je n'étais pas en train de le faire – occuperait autant mon cerveau.

Mais on se parlait aussi, il ne faut pas croire ! De toutes sortes de choses : nos films préférés, ce que nous voulions faire de nos vies et même nos goûts divergents sur la confiture de raisins et de fraises... tout y passait. Il m'a parlé de certains amis de son ancien lycée et je l'ai mis au courant des potins de la fanfare de Winslow.

Le seul point que je n'évoquais jamais était la situation avec Nathan, et lui ne s'étendait jamais sur ses parents ou sur la raison de leur déménagement. Chaque fois que je tentais une vague amorce sur le sujet, il ne donnait que des réponses floues et passait à autre chose. Nous avions tant d'autres choses à nous dire, tant de baisers à savourer, que je ne l'ai jamais pressé. Le bon moment ne s'est jamais vraiment présenté.

Disons que nous semblions chacun avoir nos problèmes.

Jake et Kristen se sont vite lassés. Après tout, on ne s'embrassait pas quand ils étaient là. Ils ne m'ont jamais rien dit en face, mais je les ai parfois surpris en train de me regarder avec une mine confuse et inquiète, comme s'ils croyaient qu'un zombie m'avait mangé la cervelle et qu'ils se demandaient s'ils étaient les prochains sur la liste. Chaque fois qu'ils me proposaient de faire un truc avec eux, je répondais que j'avais prévu « d'autres choses » et j'ignorais leurs airs suspicieux.

Je voyais bien que toute ma section (à l'exception de Connor, évidemment) était elle aussi déroutée par mon changement de comportement. Alors que j'avais l'habitude de harceler chacun d'entre eux à chaque répétition, que ce soit à propos de sa posture, sa cadence de défilé ou la mémorisation des morceaux, j'avais à peine remarqué ce qui se passait autour de moi cette semaine. Je me disais que Jake interviendrait si ça dérapait trop.

Franchement, qui pouvait penser au pas cadencé plutôt qu'aux baisers qui suivraient les cours ? Personne, absolument personne.

Mais l'inconscience de la béatitude amoureuse s'est abruptement interrompue le jeudi matin. Kristen et moi marchions vers le terrain de football pour la répétition de la fanfare lorsque j'ai vu Jake qui se dirigeait vers moi, blême de rage.

– Je suis vraiment désolé, m'a-t-il dit sans préambule.

J'ai noté le bout rose vif de ses oreilles et j'ai compris qu'il avait dû se passer quelque chose d'énorme.

– Je ne sais pas du tout ce qu'il fait, ça me dépasse, a-t-il soufflé.

– Qui fait quoi ?

Je me suis arrêtée net, faisant frénétiquement défiler d'horribles scénarios, qui impliquaient, pour la plupart, la perte de mon solo ou de Connor ou des deux... *en même temps.*

J'ai vu le regard de Jake qui se dirigeait vers le terrain où se tenait... Nathan, comme s'il n'avait jamais quitté les lieux. Il parlait avec M. Barr.

Kristen l'a aperçu au même moment que moi et en a eu le souffle coupé :

– Mince alors, Jake... qu'est-ce que ton frère fait ici ?

Jake a lancé les bras en l'air en haussant exagérément les épaules :

– Il a complètement disjoncté. Cet imbécile n'a visiblement rien d'autre à faire.

– Pourquoi tu m'as dit que tu étais désolé ? lui ai-je demandé d'un ton suspicieux. Qu'est-ce qu'il fait ici ?

Jake s'est mordu la lèvre et a débité à toute allure (comme si la rapidité d'élocution pouvait rendre les mots moins agressifs) :

– J'ai l'impression qu'il essaye de s'incruster dans le spectacle du *homecoming*. Je crois que je l'ai entendu dire quelque chose à propos d'un duo avec... heu... toi.

Il y a eu un moment sinistre où seuls les cris épars et distants des ados qui s'échauffaient sur le terrain brisaient le silence.

– Quoi ? ai-je demandé sans m'énerver. Il veut jouer un duo avec *moi* ?

– On dirait, oui, a répondu Jake.

Kristen et lui me regardaient d'un air craintif, comme si j'étais une substance explosive dans une coupelle de laboratoire et que quelqu'un se penchait au-dessus de moi avec une pipette de nitroglycérine.

J'ai calmement toisé Nathan, qui était aussi ténébreux et sexy que l'autre soir, et j'ai vu M. Barr lui donner une tape dans le dos en souriant. Puis j'ai haussé les épaules :

– Ça pourrait être intéressant.

Du coin de l'œil, j'ai entrevu Jake et Kristen qui échangeaient un regard.

– Ça va, Ellie ? m'a demandé Kristen, après un petit silence.

– Ouais, pourquoi ?

– Ton... solo ? a repris Jake. Je te croyais prête à tuer n'importe qui pour le garder.

– Ben, on va d'abord aller voir ce qui se passe avant de péter un câble, d'accord? ai-je dit. C'est dingue, ça, vous vous faites vraiment trop de soucis pour tout.

– Comme tu veux, a dit Kristen.

Alors que nous arrivions vers le podium, le visage de Nathan s'est éclairé et il m'a souri. Que son sourire me fasse le même genre d'effet que celui de Connor m'a un peu troublée. Sauf que c'était... plus excitant. Et plus délicieusement incertain. Et étrange. C'est vrai, quoi, ce type m'avait pratiquement détruite sur le plan social trois ans auparavant: est-ce que je n'aurais pas dû souhaiter le voir souffrir comme s'il avait mille aiguilles sous les ongles plutôt que me demander s'il embrassait aussi bien que Connor?

Nathan m'a heurté l'épaule d'un air dragueur:

– Salut, Ellie. Qu'est-ce que tu fais de beau?

J'ai inconsciemment frotté le point qu'il venait de toucher.

– Rien. Et toi, qu'est-ce que tu fais ici?

– Eh bien, Nathan a une proposition intéressante, est intervenu M. Barr.

Je l'ai écouté parler sans l'interrompre, ni réagir. L'idée était que Nathan et moi jouions un duo pour ouvrir le spectacle du *homecoming* qui devait avoir lieu dans une semaine et un jour. Ce devait être un morceau original, que nous allions composer ensemble en nous appuyant sur la ligne mélodique de mon solo.

M. Barr a souligné que ce ne serait pas la première fois qu'un ancien revenait pour jouer avec l'orchestre à l'occasion du premier match de la saison. Ce serait une sorte de réunion des promotions.

– Nous avons pensé que ce serait d'autant plus sympathique que Nathan était ton chef de section quand tu étais en troisième, a conclu M. Barr, qui, évidemment, ne se doutait pas une seconde de ce qui s'était passé à la fête de la fanfare cette année-là.

Les autres m'ont scrutée dans un silence pesant. Jake semblait complètement paniqué.

– Ouais, ai-je acquiescé. Je trouve que c'est une très bonne idée.

Nathan m'a à nouveau souri :

– Ça c'est une super-nénette, je savais qu'elle serait OK.

– Attends, là... tu es sûre que tu es d'accord ?

Jake me dévisageait d'un regard anxieux.

J'ai réfléchi une seconde. De toute évidence, cela signifiait que j'allais partager mon solo. Mais ce n'était pas comme si je devais le faire avec cette nulle de Brandy... Nathan était un bon musicien et ça pourrait être cool de jouer avec quelqu'un qui était meilleur que moi, non ? C'est vrai, quoi, je pourrais même apprendre des choses avec lui, qui sait ? Et puis, il faudrait aussi que nous répétions tous les deux plusieurs fois avant le match... seuls dans la même pièce.

Je pourrais peut-être évoquer sur le ton de la blague ce qui s'était passé quand j'étais en troisième et clore l'histoire ? Ou au moins éliminer mon envie de me cacher sous mon lit dès que je savais que Nathan était dans le quartier pour Thanksgiving ou une autre fête. Tourner la page une bonne fois pour toutes, être mûre, quoi. Se comporter comme une adulte.

Mouais, exactement.

J'ai jeté un œil à Nathan, qui a esquissé un adorable sourire à mon intention.

– Ne la fais pas paniquer, frérot, a-t-il plaisanté à l'intention de Jake, qui a aussitôt levé les yeux au ciel. On va bien s'amuser, Ellie, je te promets.

Tandis que M. Barr et Jake rassemblaient les musiciens pour l'échauffement, Nathan et moi nous sommes organisés pour nous retrouver ce soir-là, après la répétition. Je lui ai dit au revoir et me suis tournée, le sourire aux lèvres, pour rejoindre ma section. C'est alors que j'ai vu Connor qui avançait vers moi. L'expression de son visage était étrange... perplexe et inquiète.

J'ai légèrement haussé les épaules vers lui et, pour la première fois, j'ai ressenti une pointe de culpabilité.

Mais je n'avais rien fait de mal, non ? Je faisais ce qu'il y avait de mieux pour la fanfare, ni plus ni moins. Pas vrai ?

Alors que tous les musiciens accordaient leurs instruments et que j'inspectais ma section, je me suis arrêtée au niveau de Connor, prétextant devoir lui donner une indication, et je lui ai murmuré à l'oreille :

– Vivement tout à l'heure, après les cours.

J'ai vu un sourire se dessiner autour de l'embouchure de son instrument.

La répétition a duré longtemps et j'ai eu du mal à rester concentrée sur la parade, avec tous ces garçons qui m'occupaient l'esprit.

J'étais déchirée entre deux pensées – rêver béatement de répéter avec Nathan et chercher une solution logistique pour faire entrer Connor dans ma chambre un soir – lorsque Jake m'a rattrapée au retour vers l'école après la répétition.

– Ellie ?

– Ouais ?

– Mais qu'est-ce qui t'arrive ? m'a-t-il demandé d'une voix aussi tranchante qu'un rasoir.

Je me suis arrêtée net, surprise par son ton. Connor nous a dépassés au même moment, et m'a lancé un bref et délicieux sourire sans marquer de pause. J'ai essayé de ne pas le suivre des yeux.

– Comment ça, qu'est-ce qui m'arrive ? ai-je répondu en reportant mon attention sur Jake qui me fusillait du regard, les bras croisés.

– Mais où est-ce que tu as la tête, bon sang ? Tu es malade, ou quoi ? Depuis quand tu es contente de passer du temps avec Nathan ? Et je ne t'ai jamais vue faire autant de bourdes sur le terrain. *Jamais.*

J'ai froncé les sourcils et me suis récapitulé la répétition de la journée. Je me suis vaguement souvenue de M. Barr me hurlant de faire aligner ma section, puis se plaignant que nous retardions toute la fanfare, et de quelques musiciens d'autres sections qui marmonnaient que les trompettes craignaient grave. Mais, sur le moment, rien ne m'avait paru très important. C'est vrai, quoi, tout le monde avait fini par être à la bonne place. Pourquoi est-ce qu'ils s'excitaient tous comme ça ?

J'ai répondu à Jake par un haussement d'épaules, comme s'il n'y avait pas de souci à se faire sur le sujet :

– Je ne sais pas... une crise de terminalite aiguë ?

Ce qui était bien sûr l'excuse classique de tout terminale qui avait plutôt envie de se la couler douce. Je détestais cette expression et la fainéantise qu'elle impliquait, mais elle était vraiment pratique à présent que j'étais moi-même une terminale qui n'avait pas envie de faire grand-chose. Excepté embrasser les garçons.

– Ellie, c'est le début de la saison, m'a rappelé Jake. Tu n'as pas le droit de te relâcher. Pas maintenant. En plus, ça ne te ressemble pas du tout d'être aussi distraite.

J'ai soupiré et j'ai regardé s'éloigner le dos de Connor, admirant inconsciemment ses épaules sous son T-shirt.

– Ouais, peut-être, ai-je dit rêveusement.

– Il faut que tu saches que M. Barr se pose lui aussi des questions, a poursuivi Jake. Il a remarqué que tu avais la tête ailleurs. Pour être franc, je crois que c'est pour ça qu'il a accepté l'idée de Nathan : on dirait que tu as besoin d'aide.

Une semaine plus tôt, ces paroles m'auraient fichu une frousse d'enfer, mais sur le moment j'ai eu du mal à trouver l'énergie pour paraître un minimum inquiète. Qu'est-ce qui leur prenait à tous d'être toujours aussi sérieux ? C'était peut-être un peu trop calme dans la vie perso de Jake !

Alors j'ai de nouveau haussé les épaules :

– Mouais. Qu'est-ce que ça peut bien te faire, de toute façon ?

Il a levé les yeux au ciel :

– Tu as raison, je devrais m'en foutre, vu que, toi, ça te passe à dix mille ! J'essaye juste de t'aider.

Une bulle de frustration a gonflé dans ma gorge pour exploser dans ma bouche :

– Mais c'est pas vrai, ça ! Ça ne fait qu'une semaine ! Vous ne pouvez pas me laisser un peu tranquille, non ?

– Une semaine depuis quoi ? a calmement demandé Jake en croisant les bras sur sa poitrine.

Oups.

– Heu... depuis...

J'ai laissé traîner en essayant de trouver une bonne excuse. Depuis que j'avais la mononucléose ? Depuis que je m'étais fait enlever par des extraterrestres ?

Jake a plissé les yeux en se creusant la cervelle, puis les a écarquillés lorsqu'il a subitement compris.

– *Connor !* s'est-il exclamé.

– Non ! ai-je protesté. De quoi tu parles ? Ça n'a rien à voir avec...

– Mais oui, c'est ça.

Il hochait la tête comme si tout s'éclairait :

– Tu sors avec lui, c'est ça ? C'est pour ça que tu disparais tous les soirs après les cours.

– Non, ai-je dit d'une petite voix.

– Mais si. (Un sourire a soulevé les coins de sa bouche.) J'ai bien vu comment tu le regardais. Tu le dévores des yeux. Tu flashes sur un mec de seconde et tu laisses filer ta section. Waouh, je n'aurais jamais cru que ça t'arriverait un jour, Ellie.

Je respirais de plus en plus fort, mon cœur battait la chamade.

– Tu ne crois pas que tu te prends un peu trop au sérieux ? ai-je riposté avec virulence. En plus, il ne se passe rien du tout. Tu peux demander à n'importe qui. Demande à Kristen si tu veux.

– Menteuse, a-t-il ricané avec un grand sourire moqueur. Tu es *vraiment* une fille. Et, en plus, Nathan envahit ton territoire et tu ne dis rien ? Qu'est-ce qui t'arrive ?

– Qu'est-ce que tu veux dire ?

– Je veux dire que, si je t'avais annoncé, il y a deux semaines, que tu n'aurais pas de souci à partager ton solo, tu m'aurais sûrement cassé la figure. Et paf, tout à coup, tu sors avec un mec de seconde et tu fais les yeux doux à mon frère. Tu es certaine d'avoir toujours envie d'être chef de section ? Parce que même Nathan ne se laissait pas distraire aussi facilement.

Là, ça a fait mal. Ma main s'est resserrée sur l'anse de mon étui à trompette et l'idée de le balancer dans les tibias de Jake m'a brièvement traversé l'esprit. J'aurais fait n'importe quoi pour effacer ce rictus de satisfaction sur son visage. Mais d'autres musiciens du groupe continuaient à passer et nous lançaient à présent des regards curieux, tout en chuchotant.

– Ça, ai-je sifflé à Jake, c'est le truc le plus cruel et impardonnable que tu m'aies jamais dit. S'il n'y avait pas autant de témoins, je t'en mettrais une.

Il a haussé les épaules :

– Je dis ce que je vois, c'est tout.

– Et si tu t'occupais un peu de tes affaires, pour une fois ?

Je ne lui ai pas laissé le temps de répondre. Je suis partie furieuse sans me retourner et n'ai ralenti que pour donner un violent coup de pied dans le sol, soulevant un nuage de gravillon. Les musiciens se sont prestement écartés sur mon chemin et j'ai ignoré les murmures qui s'élevaient dans mon dos.

Je n'ai soufflé qu'après avoir franchi la porte du lycée. Ma colère s'est évanouie pour laisser place à une confusion blessée. Jake savait à quel point ma section était importante pour moi, c'était comme s'il avait voulu frapper là où cela ferait le plus mal. On s'était déjà disputés sur des trucs stupides comme « quel film aller voir ? » et « comment faire en sorte qu'on nous écoute sans passer pour de gros nazes ? », mais encore jamais comme cela.

Et le pire de tout, c'est que je savais qu'il n'avait pas tout à fait tort.

Connor m'attendait tranquillement dans les vestiaires de l'orchestre. Je me suis agitée nerveusement tandis que les autres partaient progressivement déjeuner, puis je lui ai fait signe de me suivre dans la pièce de rangement des tambours, où personne ne pourrait nous voir depuis le couloir.

– Qu'est-ce qui t'arrive ? m'a-t-il demandé en m'enlaçant.

J'ai reposé mon front sur sa poitrine chaude et solide, et j'ai soupiré :

– Jake a tout compris. Sur toi et moi.

Il m'a doucement serrée dans ses bras :

– Et alors ? On allait bientôt le dire aux autres, de toute façon, non ?

J'ai levé les yeux vers son visage à présent familier et j'ai suivi du doigt la courbe de ses sourcils. Il m'a regardée d'un air inquiet :

– Il y a quelque chose d'autre qui te gêne ?

– Jake a compris parce que j'ai enchaîné les bourdes pendant les répétitions.

Je lui ai raconté la conversation que je venais d'avoir avec lui (sans mentionner la partie sur mes yeux doux à Nathan, évidemment) et j'ai vu la colère monter sur le visage de Connor.

– Il t'a dit *ça* ? Que tu ne devrais pas être chef de section ?

J'ai acquiescé.

– Quel abruti. Je devrais peut-être aller lui parler.

J'ai laissé échapper un petit rire, puis j'ai posé les mains sur ses épaules, même si quelque part en moi j'avais adoré qu'il prenne aussi vite ma défense. Mais il était hors de question qu'il se fasse virer de la fanfare parce qu'il s'était bagarré avec le tambour-major.

– Calmos, ce n'est pas si grave... Enfin, il a raison, quoi, je n'ai pas assuré. Tu as entendu mon solo tout à l'heure ?

– Mais il n'aurait quand même pas dû te dire des choses pareilles, a répliqué Connor. Surtout te menacer de t'enlever ta section et te balancer que Nathan faisait un meilleur boulot que toi. C'est super-dur.

– On est amis depuis longtemps, tu sais, et c'est le tambour-major. Il m'en a déjà sorti des pires.

C'était un pur mensonge. Jake ne m'avait jamais parlé comme cela, ne s'était jamais moqué de moi quand il savait que je manquais d'assurance. Mais Connor m'a regardée comme s'il était prêt à en découdre.

– Écoute, ai-je continué, il faut juste que je me concentre et que je travaille encore plus, que je montre que je suis toujours la meilleure. Tu me distrais trop !

– Je ne t'ai pas entendue te plaindre ! a-t-il répliqué en glissant ses mains sous mon T-shirt, au bas de mon dos et en me rapprochant de lui.

La chaleur de ses doigts sur ma peau nue a parcouru mon corps de haut en bas à toute vitesse. Je me suis trémoussée et j'ai jeté un coup d'œil vers la porte.

Jake était là et nous observait bouche bée. Un franc sourire s'est lentement dessiné sur son visage.

J'ai suffoqué et Connor a pivoté aussi sec. Jake a laissé tomber son sac à dos par terre et s'est vite penché pour le ramasser avec maladresse :

– Heu... désolé de vous interrompre.

Il a pouffé comme un gamin et s'est éloigné en secouant la tête.

Mon estomac s'est noué. Un quart d'heure plus tôt, j'avais nié sortir avec Connor quand Jake m'en avait accusée. À présent, je passais vraiment pour une sale menteuse.

Et il allait tout raconter au reste de la fanfare, ça ne faisait aucun doute.

– Et merde, ai-je dit doucement, les yeux dans le vide.

Connor m'a caressé les cheveux :

– Ça va aller, je te promets.

– Tu n'en sais rien du tout.

– Bien sûr que si. Tant qu'on est ensemble, tout va bien. (Il m'a rapprochée de lui.) Détends-toi.

Soudain, serrée dans ses bras, j'ai eu la sensation d'être à l'étroit comme dans un sweat-shirt trop petit. Limite claustrophobe, je me suis dégagée et j'ai pris mon sac.

– Il faut que... heu... j'y aille, ai-je bafouillé en évitant de croiser son regard. J'ai des... des devoirs à faire, on se voit tout à l'heure.

– Mais on se retrouve après les cours, OK?

Il semblait paniqué.

– Oui, je crois... j'ai juste... (Faire des phrases complètes est tout à coup devenu très difficile.) Je t'en parlerai plus tard.

Je me suis autorisée à lui jeter un rapide coup d'œil, avec un grand sourire, et j'ai essayé de ne pas me précipiter vers la porte.

*

Évidemment, la nouvelle a circulé à la vitesse de la lumière.

Kristen m'a retrouvée dans la bibliothèque un quart d'heure plus tard. J'étais plongée dans un cours d'histoire, essayant de ne penser ni à Nathan, ni à Jake, ni à la fanfare, ni à Connor, ni à aucune combinaison des quatre. C'était quasiment impossible et j'étais presque contente qu'elle m'interrompe. Même si je savais déjà ce qu'elle allait me dire.

Elle s'est glissée sur le siège en face de moi, les yeux brillants. J'ai aperçu la bibliothécaire, de l'autre côté de la pièce, qui nous lançait des regards noirs pour nous prévenir de ne pas faire de bruit.

Alors ?!?!?! a-t-elle griffonné sur un bout de papier arraché à un cahier, qu'elle m'a fait passer.

Alors quoi ? ai-je simplement répondu.

Jake m'a dit. Elle a souri d'un air suffisant en repoussant ses cheveux derrière son épaule.

Il t'a dit quoi ?

Pour toi et Connor dans la pièce des tambours. Coquine.

J'ai levé les yeux au ciel et lui ai rendu le papier sans rien écrire.

Tu DOIS me dire maintenant, a-t-elle écrit.

Non.

C'est moi qui vous ai mis ensemble.

Et alors ?

Ne sois pas garce, Ellie !

Je ne suis pas garce. Il n'y a rien à dire.

Elle m'a fait ses yeux de chiot blessé, en faisant la moue. J'ai hésité, puis j'ai écrit : *On essaye.*

Kristen a émis un petit cri de triomphe et a immédiatement récolté un « CHHHHUT ! » de la bibliothécaire.

Je le savais !!!!

Pourquoi tu me le demandes, alors ?

Tu n'étais pas obligée d'en faire un secret.

Je ne voulais pas que tout le monde parle de moi. C'est raté !

Je SAVAIS qu'il se passait quelque chose. Ne t'inquiète pas, Jake n'en a parlé qu'à moi et je ne le dirai à personne.

J'ai secoué la tête, incrédule. Kristen n'était pas capable de le garder pour elle, j'en aurais parié ma trompette. Elle a repris le morceau de papier.

Surtout quand tu as commencé à faire n'importe quoi à la fanfare. Comment tu as loupé ton solo tout à l'heure ?! Encore pire qu'au stage !

Je l'ai mitraillée du regard et j'ai failli casser le crayon en écrivant ma réponse.

MERCI. C'est sympa. MÉGA-SYMPA.

Désolée. C'est juste que ça ne te ressemble pas. Et alors ??? Il embrasse bien ???!! Les trompettistes ont de super-lèvres, pas vrai ???

J'ai poussé un gros soupir à la limite du grognement.

Je ne veux pas en parler.

S'IL TE PLAÎÎÎÎÎT !!!

Arrête.

Kristen m'a lancé un regard noir.

D'accord, mais il faudra que tu m'en parles à un moment. Je ne peux pas croire que tu ne nous aies rien dit ! Je crois que Jake est sous le choc !

Ça me faisait une belle jambe. C'est ce que je lui ai écrit.

Rien à foutre.

C'est quoi, ce truc avec Nathan ??? a-t-elle écrit.

J'ai encore une fois haussé les épaules.

Sais pas. Ça a l'air d'être une idée sympa.

Mais tu n'as pas la haine ? Je n'en reviens pas que tu ne l'aies pas fracassé sur le terrain. C'est NATHAN, quoi ! Le même Nathan qu'à l'époque.

Elle a tapoté son crayon sur le prénom pour bien souligner son propos en scrutant mon visage.

J'ai évité de croiser son regard. Je me suis repassé la scène où il s'était appuyé contre le mur, avait plongé ses yeux de braise dans les miens et heurté délicatement mon épaule, comme si nous étions amis. Comme si nous partagions une belle histoire et peut-être une sorte d'avenir.

Je me suis contentée de répondre :

Pas grave. Ça va être fun.

Elle a secoué la tête, puis a repris le morceau de papier.

Tu joues avec le feu. Mais, S'IL TE PLAÎT, dis-moi si Connor embrasse bien.

J'en avais plus que marre de cette conversation.

Tu as fini, là ?

Elle a froncé les sourcils et m'a lancé un long regard impénétrable.

– Fais gaffe quand même, a-t-elle murmuré avant de se lever.

Tandis que je la regardais quitter la bibliothèque, j'ai pressenti que quelque chose allait prendre un mauvais tour et que je ne pouvais rien y faire. Mais pourquoi c'était si compliqué d'avoir enfin un petit copain ? Et où était le problème si Nathan et moi avions assez mûri pour dépasser les vieilles histoires ?

Et qu'est-ce que Kristen voulait dire avec son « fais gaffe » ? Comme si je ne passais pas tout mon temps à faire gaffe !

Je me suis replongée dans mon cours d'histoire européenne. La conquête de l'Angleterre par les Normands était plus facile à suivre.

Chapitre 16

En vrac et sur les nerfs, je me suis débrouillée pour éviter de m'adresser à qui que ce soit le reste de la journée. Mais, arrivée au dernier cours, je me sentais seule et j'en avais assez d'écouter les autres parler de leurs plans pour la soirée. Les cours terminés, j'ai retrouvé Connor dans la salle de l'orchestre. Il attendait patiemment de voir ce que je voulais faire.

Je lui ai discrètement lancé un regard significatif. On a filé ni vu ni connu – on maîtrisait parfaitement la technique maintenant –, et on est allés dans notre coin du parc.

– Écoute, lui ai-je dit une fois tous les deux assis sur l'herbe. Je suis désolée de m'être comportée comme une foldingue avant le déjeuner, mais j'ai vraiment besoin de beaucoup travailler ma trompette ce week-end. Et puis je vais devoir répéter avec Nathan, ce qui est plutôt bizarre, et je suis en train de digérer tout ça.

– Je sais.

Il a caressé le dos de ma main et a soupiré d'un air malheureux.

– Qu'est-ce que tu as?

– Eh bien... (Il semblait mal à l'aise.) Je me disais qu'on pourrait annoncer aux autres qu'on est ensemble. De toute façon, l'info circule maintenant.

J'ai secoué la tête, agacée. Je n'arrivais pas à croire qu'il puisse encore penser à ça alors que je luttais pour ma survie.

– Mais ils sont déjà tous au courant. Kristen le sait, alors je peux te garantir que toute la planète est informée. Qu'est-ce que tu veux aller raconter de plus?

– Ce n'est pas la même chose qu'ils le sachent et qu'on se tienne par la main dans le couloir ou que tu le dises à tes parents ou... je ne sais pas, moi.

Je suis soudain devenue anxieuse. J'avais déjà assez de soucis avec la fanfare, Nathan, et mes amis qui pétaient les plombs sans raison; je n'avais pas du tout besoin de présenter à la terre entière la nouvelle Ellie qui se baladait joyeusement au bras d'un garçon.

Et si Connor et moi marchions dans le hall, main dans la main, il n'y aurait pas que les musiciens de la fanfare qui seraient au courant: tout le lycée saurait que je sortais avec un mec de seconde. Même si tous mes amis étaient dans la fanfare, je savais bien que, si je déboulais d'un coup avec un petit copain, surtout un garçon de deux ans plus jeune que moi, tous les autres en parleraient aussi.

Au lycée Winslow, c'était normal que les garçons sortent avec des filles plus jeunes qu'eux, mais aucun exemple de l'inverse ne me venait à l'esprit. J'ai frissonné en imaginant ce que Jenny Murphy ou Becca Myers penseraient du couple Ellie Snow la geek et un gamin de seconde. Elles estimeraient sûrement que je ne pouvais pas me dégoter mieux qu'un jeunot de quinze ans. Même s'il était super-sexy.

Quant à en parler à mes parents, il n'en était pas question. C'était ouvrir la porte à une multitude de réunions familiales, de crises d'angoisse de ma mère et à d'interminables séries de questions auxquelles je ne voulais pas répondre. Et, dès qu'elle aurait découvert l'âge de Connor, elle se mettrait immédiatement en campagne pour que je casse avec lui.

Non, franchement, je ne voyais pas l'intérêt de me fourrer dans un guêpier pareil.

– Connor, ai-je dit, je ne crois pas du tout que ce soit le bon moment pour l'annoncer aux autres.

Sa main s'est ramollie dans la mienne.

– Écoute, ça fait trop de choses en même temps pour moi, ai-je continué en lui serrant la main pour qu'il ne la retire pas. Il y a déjà ce truc bizarre avec Jake, mon duo avec Nathan et tout le reste, et je ne crois pas pouvoir gérer ça en plus.

– Eh bien, ce que tu appelles « ça », c'est moi et c'est nul de se faire traiter comme ça, a-t-il déclaré sur un ton sinistre sans me regarder.

– Se faire traiter comme quoi ?

Honnêtement, je ne comprenais pas pourquoi il était aussi remonté. J'étais là avec lui, quand même ! Je passais du temps avec lui tous les jours, je lui parlais tous les soirs, non ? Il ne pouvait pas me laisser respirer deux secondes ?!

– Comme si je n'avais aucune importance et que je passais après tout le reste. Ou pire encore, comme si tu avais honte de moi et que tu ne voulais pas que les gens sachent que l'on est ensemble.

Sa mauvaise humeur commençait à me soûler.

– Connor, ça ne fait qu'une semaine qu'on sort ensemble !

– Et alors ? En plus, je suis sûr que ni toi ni moi, on n'a jamais eu d'histoire plus longue !

– Oui, c'est vrai, ai-je reconnu. Mais on aura tout le temps que l'on voudra une fois que les choses se seront calmées. Je ne comprends pas pourquoi tu es aussi pressé.

– Parce que je ne vois pas pourquoi tu en fais toute une histoire, a-t-il répliqué. Si on l'avait dit tout de suite aux autres, ça n'intéresserait plus personne aujourd'hui. Ils seraient déjà tous sur le prochain potin et plus personne n'y ferait attention.

J'ai haussé les épaules. Il avait probablement raison, mais, sans machine à remonter le temps sous la main, je ne pouvais rien y changer.

– Pourquoi tu as autant la frousse que les gens sachent ?

– Parce que...

J'ai marqué une pause. Je n'étais pas vraiment sûre de savoir pourquoi cela me stressait autant.

– Parce que quand tu passes des années à être une certaine personne, ai-je poursuivi, et que d'un coup il se passe des trucs énormes qui changent tout (je lui ai lancé un regard lourd de sous-entendus), c'est pas hyper-simple de devenir une nouvelle personne.

Il semblait confus. Et moi donc !

– Bon, alors voilà, pendant toutes les années de lycée, j'ai été Ellie, une geek de la fanfare sans aucune vie amoureuse, ai-je expliqué, réfléchissant à voix haute. Le... heu... l'histoire avec le mec plus âgé s'est passée au début de mon année de troisième et, depuis, personne n'a pu cancaner sur mon compte, à moins de commérer sur l'absence de commérage ! Je suis pratiquement... une quantité négligeable.

Connor m'a regardée tristement et m'a serré la main :

– Ellie, tu n'es pas une quantité négligeable.

– Je n'ai pas terminé, ai-je poursuivi, en retirant mes mains des siennes, portée par mon élan. Et puis, d'un coup, je suis en terminale, à deux doigts de quitter enfin cet enfer, et voilà que tu débarques et que tu changes tout. Que tu me changes, *moi*, en fait. Que tu fais de moi une nouvelle Ellie, quelqu'un que personne ne connaît, alors que je croyais que l'on avait tout dit sur moi... Tu comprends ?

J'ai froncé les sourcils en repensant à ce que je venais de dire. J'étais en train de devenir une personne qui tenait à quelqu'un d'autre. Qui y tenait même plus qu'à la fanfare. Et je n'avais encore jamais été comme cela. En fait, la plupart du temps, ce genre de filles, qui perdaient toute leur énergie sur des coups de cœur débiles et des histoires d'une semaine, me tapaient sérieusement sur le système.

– Un peu..., a répondu Connor.

– Non, tu ne peux pas comprendre. Parce que tu n'es qu'en seconde. Tu as encore deux ans et demi avant d'en finir. Tu ne sais encore même pas qui tu es.

– Hé ! a-t-il rétorqué, visiblement vexé.

– Ce n'est pas un reproche, ai-je insisté. Si je pouvais, j'aimerais bien revenir en seconde, avec toi. Je pourrais recommencer et mieux m'en sortir... et je ne serais pas aussi stressée aujourd'hui.

J'ai fini par saisir ce que j'essayais de dire. «J'ai la trouille, me suis-je avoué. Je meurs de trouille de ne pas être celle que j'ai toujours cru être. Et je m'accroche comme une folle à cette vieille image devant les autres, incapable d'affronter leurs regards. J'ai peur d'être une fille qui tient à un mec – une fille qui a une faille, qui se soucie de l'avis des autres, et ne met pas toute son énergie à construire des murs pour se protéger du monde extérieur.»

Les larmes me sont montées aux yeux. Génial ! Pendant trois ans je n'en avais pas versé une et, depuis que j'avais rencontré Connor, je n'arrêtais plus de pleurer. Je devais avoir l'air d'une épave émotionnelle.

Il m'a gentiment caressé le bras :

– Ellie, tu n'as rien à craindre. Ce n'est vraiment pas aussi important que ça pour les autres, tu te fais des idées.

– Mais pour moi c'est important, ai-je répondu en reniflant un peu et en le regardant. Et je ne supporte pas de ne pas maîtriser la situation.

– Tu ne peux rien changer à ce que pensent les autres. Tu peux seulement changer ce que toi, tu penses. Et il n'y a que toi qui décides de tes réactions.

Il parlait comme un professeur de psychologie et pas du tout comme un garçon de quinze ans.

– Tu maîtrises complètement la situation, a-t-il poursuivi. Ce que les autres pensent ne compte pas.

Je l'ai laissé m'enlacer, m'autorisant à savourer la sensation de ses longs bras autour de mon corps qui me protégeaient et m'aidaient à me tenir debout.

– Normalement, je ne pleure pas autant.

J'ai eu l'impression qu'il fallait le préciser, de peur qu'il ne prenne mes crises de larmes pour une habitude.

– Il n'y a pas de problème, a-t-il dit avec sincérité. Bon, je préfère que ma copine ne pleure pas dans mes bras toutes les semaines, mais ce n'est pas grave.

Ma copine. J'ai soupiré et me suis blottie contre sa poitrine chaude ; je sentais les battements de son cœur sous son T-shirt. Il avait un léger parfum de lessive, de couvertures confortables, toutes ces choses douces et réconfortantes.

– J'ai quand même encore une question, a-t-il ajouté au bout de quelques instants. Même si ce n'est sûrement pas le bon moment.

– Mmm ? ai-je murmuré en fermant les yeux.

– Est-ce que tu veux bien être ma cavalière pour le *homecoming*?

Je me suis redressée, instantanément submergée par l'anxiété. Il n'avait vraiment rien compris de ce que je venais de lui expliquer ?

– Tu veux dire le bal du *homecoming*? lui ai-je demandé comme si ce n'était pas déjà assez clair.

Il a hoché la tête, gêné, en m'observant de ses yeux bleus.

– En fait, je ne suis jamais allée au bal du *homecoming*, ai-je lentement avoué. C'est juste après le premier match, tu sais, et il y a toujours une fête de la fanfare, alors...

Il a froncé les sourcils :

– Et tu ne peux pas manquer une fête de la fanfare pour aller à une grande soirée ?

– Aucun de mes amis ne va à ce bal. Et je n'ai jamais eu de raison d'y aller.

– Eh bien, maintenant tu en as une, puisque je viens de te demander de m'accompagner.

– Il n'y a pas que ça. C'est aussi... (je me suis mordu la lèvre)... que je ne suis jamais allée à aucun bal, en fait.

J'étais morte de honte, je passais vraiment pour une fille socialement retardée. En plus, j'étais en terminale et il y avait eu tout un tas d'occasions au cours des trois dernières années pour s'amuser en soirée. Je n'étais jamais allée à aucune de toutes ces grandes fêtes et c'était affligeant.

– Tu n'es jamais allée à un bal ? a répété Connor, incrédule. Il n'y a pas un bal d'hiver dans ce lycée ? Et tu ne pouvais pas aller à la *prom* l'année dernière en première ?

Il maîtrisait bien son petit agenda mondain du lycéen, pour un mec. Il fallait le reconnaître.

– Je n'ai jamais vraiment eu envie d'y aller, ai-je répondu en arrachant compulsivement des touffes d'herbe. Mes amies sont allées au bal d'hiver et à la *prom*, mais je déteste me mettre en robe de soirée, alors je n'y suis jamais allée.

Pour être plus précise, je n'avais essayé une de ces robes qu'une seule fois, lorsque j'avais bêtement cru que Nathan allait me demander d'être sa cavalière pour le *homecoming* de mon année de troisième. Et, même en plein délire amoureux, je savais pertinemment que j'étais ridicule dans cette tenue : mes jambes musclées ressemblaient à deux troncs d'arbre qui sortaient d'une montgolfière à fanfreluches. Ajoutez que j'étais certaine de me fouler une cheville si je portais des talons.

Mais il y avait encore une autre raison qui me poussait à refuser d'aller aux bals : la popularité alarmante des slows. Et si un type bizarre me demandait de danser avec lui et que je doive, comment dire, le *toucher* ?

– On va s'amuser, tu vas voir, a dit Connor. Et si tes amis ne viennent pas, au moins tu n'auras pas à t'inquiéter de ce qu'ils racontent dans notre dos, pas vrai ?

– Heu... peut-être, ai-je hésité. Est-ce que je peux te répondre plus tard ?

Il a soupiré et secoué la tête avec un petit sourire. Je voyais bien que je le rendais à moitié dingue.

– Quoi, tu en as déjà marre de moi ?

J'ai ri pour masquer mon angoisse. Et s'il en avait assez de me supporter et qu'il aille chercher une fille plus facile à vivre ? Une fille qui ne pleurerait pas dans ses bras tous les jours et qui ne lui demanderait pas de signer un accord de confidentialité sur leur relation ? Il y en avait sûrement des dizaines qui n'attendaient que ça.

Il a grogné, puis a écarté ses bras pour que je m'y blottisse à nouveau.

– Bien sûr que non, mais c'est compliqué avec toi.

Chapitre 17

Ce soir-là, j'ai répété pour la première fois mon duo avec Nathan.

Je suis arrivée chez lui trop tôt – évidemment – et j'ai dû faire plusieurs tours du quartier pour ne pas avoir l'air d'être accro. Du coup, j'ai eu tout le temps de me préparer un petit discours de motivation et de me répéter que je ne devais pas : 1/ penser à ce que je portais (une tenue que j'avais pris beaucoup trop de temps à choisir, soit dit en passant) ; 2/ me demander s'il allait encore une fois me taquiner en me heurtant l'épaule (parce que je ne voulais pas qu'il le fasse, bien entendu) ; 3/ rêver – surtout pas ! – qu'il me propose d'aller prendre un café avec lui et qu'il me déclare ensuite son amour infini.

Il fallait que j'assure à la trompette et que l'on compose ce duo, c'était ça l'important, pas vrai ?

Pour la première fois depuis des années, j'ai failli avoir une crise de panique avant de sonner à la porte des

Armstrong. À dire vrai, d'habitude, je ne venais que lorsque j'étais certaine que Nathan n'y était pas. Mais aujourd'hui il était là, c'était sûr, et le plus dingue, c'est que je venais le voir, *lui*.

C'était quoi, toute cette folie dans ma vie ? Non, sérieusement ?

Nathan m'a lui-même accueillie à la porte, vêtu d'un short et d'un T-shirt, des mèches brunes dans les yeux. Il avait l'air de se lever.

– Hé, salut, a-t-il dit avec un rapide sourire, comme si j'étais une bonne surprise.

– Salut, ai-je répondu en m'accrochant à la poignée de mon étui comme si c'était une bouée de sauvetage. Alors... prêt pour la répétition ?

– Waouh, tu ne perds pas de temps, toi, hein ?

Il a ouvert la porte toujours avec le sourire aux lèvres. Je suis passée devant lui en essayant de faire disparaître le rouge de mes joues.

– Est-ce que... heu... Jake est là ? ai-je demandé en regardant autour de moi dans le hall d'entrée comme s'il pouvait se cacher dans un coin.

On ne s'était toujours pas parlé depuis que je lui avais crié dessus après la répétition.

– Non, il est allé au cinéma avec mes parents. On a toute la maison pour nous.

Je me suis mordillé la lèvre inférieure. Pourquoi ça semblait si... suggestif ? On est restés là un moment : lui qui me fixait et moi qui faisais tout mon possible pour ne pas croiser son regard.

– Tu n'es pas à l'aise. Il y a un truc qui ne va pas ?

– Pas du tout. Pourquoi tu dis ça ? ai-je répliqué beaucoup trop vite.

– Parce que tu as l'air plutôt... nerveuse.

– Ah, c'est bizarre, ce n'est pas du tout le cas.

J'enchaînais les mots quasiment sans respirer.

– Oh, d'accord, a-t-il dit en pouffant. J'ai pensé qu'on pourrait répéter dans le salon. Tu veux boire un truc d'abord ?

Son gloussement m'a agacée et, soudain, cette situation m'a tapé sur le système. Pourquoi était-il aussi décontracté, comme s'il ne s'était jamais rien passé entre nous ? Comme si nous étions deux étrangers qui venaient de se rencontrer ? Est-ce qu'il se souvenait même de mon année de troisième ?

– Non, merci, ai-je répondu. On peut commencer à travailler ?

Il m'a regardée en plissant les yeux :

– Non, mais sérieux, Ellie. C'est quoi, le problème ?

J'ai soupiré lourdement :

– Rien.

Il a haussé les épaules :

– Parfait, on va bosser. Je vais te montrer ce que j'ai écrit pour le moment.

Durant l'heure suivante, j'ai bataillé pour chasser de mon esprit tout ce qui n'était pas musical. Lorsque je commençais à m'attarder sur la façon dont ses cheveux s'enroulaient autour de ses oreilles, je me forçais à revenir aux doubles-croches et aux crescendos. Quand il s'est penché vers moi pour noter quelque chose sur la partition et que j'ai senti son souffle sur mon bras, je me suis écartée pour prendre le flacon d'huile à piston dans mon étui.

Franchement, on frôlait la perfection quand on jouait ensemble. Nos harmonies étaient parfaitement en accord et nos sonorités se mêlaient comme si elles étaient faites pour se fondre l'une dans l'autre, remplissant tout le salon des Armstrong. En fait, il était simple de ne penser qu'à la musique et à rien d'autre.

À la fin, quand nous étions tous les deux épuisés et que nous commencions à écorcher les notes aiguës, Nathan s'est tourné vers moi et m'a scrutée un long moment, sans rien dire. Le silence était assourdissant et mon cœur s'est mis à battre plus fort.

– Quoi ?

J'ai à nouveau rougi sous son regard.

– Tu joues vachement bien, a-t-il dit.

J'ai cligné les yeux :

– Heum... merci.

– Je suis sincère. Tu jouais déjà aussi bien en troisième ?

C'était la première allusion à cette année, cette époque où nous nous connaissions déjà et où il avait été si cruel. Ma trompette a failli m'échapper des mains.

– Je jouais pas mal, ai-je réussi à répondre. Je me suis améliorée, on dirait.

– C'est dingue que je ne l'aie pas remarqué.

Une partie malveillante et destructrice de moi-même est remontée à la surface et a rétorqué sèchement :

– Ce n'est pas la seule chose que tu n'aies pas remarquée.

J'ai regretté à l'instant même les mots qui étaient sortis de ma bouche. Cette phrase a suffi à changer notre mode de relation. Elle a effacé l'espèce de facilité, le mensonge, genre « nous sommes deux vieux copains », qui avaient permis cet échange presque naturel.

– Qu'est-ce que ça veut dire ?

Son front s'est plissé.

– Oublie.

Je me suis penchée pour empoigner mon étui.

Tout à coup, sa main s'est retrouvée sur mon bras, sous mon coude, me tirant légèrement pour que je me retourne face à lui.

– Sérieux, Ellie. De quoi tu parles ?

– *Oublie*, je t'ai dit, ai-je quasiment grogné en dégageant brusquement mon bras.

– J'ai l'impression que tu m'accuses de quelque chose et j'essaye juste de savoir de quoi.

La partie sombre en moi a repris le dessus.

– Tu n'es vraiment qu'un sale égoïste. Tu ne te souviens même pas ?

– Me souvenir de quoi ?

– Ne compte pas sur moi pour t'aider. Visiblement, ce n'était rien du tout pour *toi*.

Ses épaules se sont affaissées, il semblait réellement se creuser la cervelle.

– Ah, tu veux parler de... de cette fête ?

– Tu crois ? ai-je craché.

– Oh, je ne pensais pas que c'était aussi important pour toi.

– Aussi important ? Ça a pratiquement fichu ma vie en l'air.

J'avais la sensation que mon sang coulait deux fois plus vite que d'habitude dans mes veines, comme si tous les mots que je n'avais pas pu dire au cours des dernières années jaillissaient soudain de ma gorge.

– Tu as été un vrai salaud, tu t'es foutu de moi et je n'arrive toujours pas à croire que tu aies pu me traiter ainsi. Et tu voudrais que ce ne soit pas *aussi important* ? !

– Mais tu ne m'as plus jamais parlé.

J'ai regretté d'être autant attachée à ma trompette, elle aurait fait une arme parfaite que j'aurais pu lui balancer à la figure. Au lieu de cela, j'ai pris une profonde inspiration et j'ai longuement fixé la partition posée sur le pupitre.

– Parce que tu m'as quasiment détruite, ai-je fini par lâcher avec calme. Comment j'aurais pu te parler après ça ? Et puis, qu'est-ce que tu fous ici en ce moment ? Pourquoi tu es revenu ?

– Quoi ?

– Pourquoi tu es au lycée ? Pourquoi tu n'es pas sur ton campus ?

J'ai ressenti une brève sensation de victoire en voyant Nathan perdre de son assurance et sembler enfin mal à l'aise.

– À cause de... trucs.

– Comme quoi ? ai-je insisté.

Il a soupiré :

– À cause d'une fille, si tu veux savoir. Une fille m'a brisé le cœur, elle m'a dit qu'elle ne voulait pas de moi, et je prends un semestre sabbatique. Vas-y, rigole, tu dois en crever d'envie.

À dire vrai, j'avais effectivement envie de rire et de lui dire un truc du genre « Mauvais karma, hein ? » ou « Bienvenue dans le monde de la douleur et de la déception où vivent tous les autres ». Mais il paraissait si triste et ravagé, avec ses mèches de cheveux dans les yeux, à se ronger l'ongle du pouce.

– C'est dur, ai-je soufflé, sans méchanceté. Mais je ne vois toujours pas bien pourquoi tu es de retour ici pour me pourrir la vie encore une fois.

Il a apparemment pris ça comme une invitation, et sa main s'est posée sur moi, mais cette fois-ci sur mon dos, sous mon épaule.

– Je suis désolé de ce que j'ai fait quand tu étais en troisième. Je me sens vraiment nul de t'avoir blessée autant. Je sais ce que ça fait.

J'ai réussi à hausser les épaules, comme si ce n'était rien.

Il s'est rapproché d'un pas et j'ai croisé les bras sur ma poitrine. Et en moins d'une fraction de seconde, il me serrait dans les siens. Il ne me dépassait que de quelques centimètres et ma tête s'est imbriquée dans le creux de son épaule, comme une pièce de puzzle dans une autre.

– Je suis désolé, m'a-t-il à nouveau murmuré à l'oreille, dans un souffle chaud et humide.

Je tremblais. De rage, d'angoisse ou de peur ? J'étais bien incapable de le savoir. Les mains de Nathan caressaient mon dos de haut en bas, réconfortantes. Puis il a très légèrement reculé et m'a regardée droit dans les yeux. La peine se lisait dans ses yeux bruns suppliants.

– Est-ce que tu me pardonneras?

Au lieu de dire quelque chose, je suis restée plantée là, frémissante. Il s'est alors penché vers moi et a délicatement embrassé mes lèvres sèches et fatiguées. Je ne l'ai pas esquivé.

– D'accord? a-t-il murmuré doucement au bout d'un moment.

C'était *presque* d'accord. Je lui ai pratiquement pardonné sur-le-champ et me suis laissée encore une fois dériver dans ce curieux mélange d'espoir et d'inconscience rêveuse. Mais j'ai soudain imaginé le visage de Connor. Connor, même avec ses problèmes et ses défauts, était au moins un territoire connu. Il ne m'avait jamais brisé le cœur devant tout le monde.

J'ai secoué la tête:

– Je ne sais pas. Tu vois, je suis avec quelqu'un en ce moment.

Il a reculé d'un petit pas:

– Oh. Je... je ne savais pas.

J'ai recroisé les bras sur ma poitrine, puis j'en ai rechangé le croisement.

– C'est un peu un secret, ai-je laissé échapper, sans réfléchir.

Mais pourquoi je lui racontais ça?!

– Vraiment? (Il a levé un sourcil en me dévisageant.) C'est... heum... intéressant.

– Il est dans ma section en fait, ai-je poursuivi, emportée par mon bavardage. Je me suis dit que ce serait bizarre si tout le monde était au courant.

– Attends, mais c'est qui ? Je le connais ?

– Non.

– Comment c'est possible ? À moins que... tu veux dire que tu sors avec un des petits jeunes ?

Mal à l'aise, je passais d'une jambe sur l'autre, incapable de le regarder en face.

– Ouais... il est en seconde.

– Sérieux ? a-t-il lancé en riant. Tu sors avec un mec de *seconde* ?

J'ai acquiescé en mordillant l'ongle de mon petit doigt :

– Ouais, on dirait.

Il s'est rapproché de moi, sa poitrine frottant mes bras croisés.

– Bonne chance alors, a-t-il dit d'une voix rauque.

Et là, soudain, il m'a à nouveau embrassée. Et ça a duré.

Chapitre 18

Je suis rentrée chez moi et j'ai mis un point d'honneur à ne pas penser à Nathan. Bon, le duo m'obsédait, mais je refusais de laisser mon esprit vagabonder jusqu'aux terres dangereuses et incertaines des étreintes et des baisers, où se trouvaient aussi des gisements croissants de culpabilité. J'échafaudais un bon gros mur de déni et décidais de faire comme s'il ne s'était rien passé. D'ailleurs, personne n'avait besoin de savoir quoi que ce soit, pas vrai ?

Le lendemain, après les cours, lorsque je me suis retrouvée seule avec Connor dans la salle de l'orchestre, il m'a demandé comment s'était déroulée la répétition du duo. J'ai simplement haussé les épaules :

– Bien. Il est toujours aussi abruti. Pas une grosse surprise, hein ?

J'ai cru deviner un certain soulagement dans son sourire.

– Bon, tu joues ce duo et après tu n'auras plus jamais à lui parler.

J'ai ignoré le zeste de regret qui m'a traversée. Ça n'avait aucun sens, de toute façon. Nathan avait finalement arrêté de m'embrasser quand le reste de la famille Armstrong était arrivé. On n'en avait pas reparlé ensuite et j'étais parvenue à me convaincre que ce n'était qu'un incident insignifiant. Un truc débile, qui n'arrive qu'une seule fois. Terminé, basta.

Parce que, vraiment, je n'avais pas besoin de me rajouter autre chose dans la tête en ce moment.

Et, puisque avec Connor on n'avait toujours pas totalement résolu la question de l'annonce publique, je ne voyais pas pourquoi je devrais en parler à mes parents. Je ne leur ai rien dit non plus de mes soucis avec la fanfare et de l'histoire avec Nathan. C'était logique, puisque c'était plus ou moins lié à Connor.

Je me suis quand même sentie bizarre et mal à l'aise ce soir-là quand je me suis assise avec mes parents autour de la table de la salle à manger pour faire une partie de Scrabble avec eux (ils avaient réussi à me persuader, en jouant à fond la carte de la culpabilité, de participer à une « petite soirée en famille »). C'était notre jeu préféré avant que papa ne commence à travailler au bureau d'aide juridictionnelle quatre-vingts heures par semaine et que maman ne se consacre autant au bénévolat. Cela faisait des mois que l'on n'avait pas ressorti le jeu et on sentait que c'était un peu forcé.

Tout au long de la partie, ils m'ont demandé chacun à plusieurs reprises s'il ne se passait rien d'important dans ma vie. J'ai nié et ils ont tous les deux eu l'air blessés et vaguement vexés. Mais je ne comprenais pas où était le mal à ne pas vouloir tout dire sur ma vie. On n'avait pas vraiment été super-proches dernièrement.

– Alors tu as des plans pour ce week-end ? m'a demandé ma mère en désespoir de cause (je m'étais montrée très brève sur tous les autres sujets).

– Pas vraiment, ai-je répondu en fronçant les sourcils.

Maintenant que j'y pensais... Ni Jake ni Kristen ne m'avaient appelée pour me proposer quelque chose ce soir-là ou le samedi soir. C'était bizarre. D'habitude, le week-end, on allait au cinéma ou on sortait prendre un café, et leur silence était étrange. Même si je n'avais pas très envie de les voir après ce qu'ils m'avaient fait concernant Connor.

– Je dois beaucoup travailler ma trompette et... j'ai des devoirs et d'autres trucs à faire.

Manifestement, maman a trouvé ça curieux.

– Tu ne sors même pas avec Kristen demain soir ? a-t-elle insisté, l'air inquiet.

L'idée que je n'aie aucune vie sociale devait lui paraître encore pire que de n'avoir que des amis ultra-conformistes et fondus de fanfare.

– Peut-être... Je l'appellerai sûrement, ai-je vaguement marmonné, refusant de reconnaître que cela m'irritait, moi aussi.

J'aurais bien aimé parler à Kristen, lui raconter l'histoire avec Nathan et lui demander son avis. Mais, quand je l'ai appelée après la partie de Scrabble, elle n'a pas décroché son téléphone et n'a pas répondu à mon message. Comme je savais qu'elle vérifiait sa messagerie de manière obsessionnelle, c'était très étrange.

Et le truc encore plus étrange, c'est qu'elle n'était pas sur MSN. Elle n'avait même pas laissé de message d'absence, ce qui lui ressemblait tellement peu que j'ai commencé à me demander s'il n'y avait pas eu un décès dans sa famille. Mais je me suis rappelé que, lorsque sa grand-mère était morte l'année précédente, elle avait quand même posté une note expliquant qu'elle était à l'enterrement.

Je ne pouvais pas m'empêcher d'être un peu vexée, puisqu'elle savait que je lisais ses messages d'absence. Comme si elle faisait exprès de m'éviter.

J'ai regardé l'annonce de Jake qui disait simplement « sorti avec des amis ». Je savais bien que l'on était en froid, mais ça me crispait quand même un peu de savoir qu'il était sorti « avec des amis » sans avoir essayé de se réconcilier avec moi et de m'inviter.

Kristen et Jake étaient-ils allés quelque part, ensemble ? Ils étaient peut-être à l'Espresso Café, en train de médire sur mon compte, de me traiter de grosse menteuse et de souligner que j'avais terriblement changé. À moins que Nathan ne soit allé raconter à Jake que l'on s'était embrassés – l'horreur ! – et que celui-ci soit en train d'en parler avec Kristen ?

Connor s'est connecté alors que je ressassais en face de mon écran. Je me suis sentie mieux dès son premier message, malgré un pincement de culpabilité à cause de Nathan. Il y avait au moins une personne sur terre qui appréciait ma compagnie.

CROCHE : HÉ, ÇA VA, JOLIE DEMOISELLE ?
TROMPETTA : OUAIS
CROCHE : C KWA LE BLEM ?

Incroyable ! un seul mot lui suffisait à deviner mon humeur !.

TROMPETTA : MES AMIS SONT CHELOUS
CROCHE : PK ?

Je lui ai raconté le mystère des messages d'absence de Kristen et Jake. Je ne lui ai pas avoué que j'étais vexée, mais il l'a quand même deviné.

CROCHE : T'INQUIÈTE... ÇA VA LEUR PASSER.

TROMPETTA : C'EST JUSTE QUE JE COMPRENDS PAS CE QUE J'AI FAIT DE MAL, TU VOIS ?

CROCHE : TU M'AS DIT TOI-MÊME QUE TU ÉTAIS PAS COMME LES AUTRES, TU TE SOUVIENS ? PEUT-ÊTRE QU'ILS SAVENT PAS QUOI DIRE. OU PEUT-ÊTRE QU'ILS CROIENT QUE TU ES EN PLEINE ACTION AVEC TON PETIT COPAIN ET QU'ILS NE VEULENT PAS T'INTERROMPRE !

TROMPETTA : HA HA. J'AIMERAIS BIEN.
CROCHE : BEN...
CROCHE : JE POURRAIS VENIR...
CROCHE : C'EST PAS TROP TARD.

Aïe, valait mieux arrêter là tout de suite. Même si j'adorais embrasser Connor, j'étais sûre que mes parents voudraient savoir qui était ce garçon inconnu. Et pourquoi nous étions dans ma chambre avec la porte fermée. Et il faisait trop noir dans le parc maintenant. Et il n'y avait pas un seul endroit où je n'aurais pas eu peur de croiser quelqu'un que je connaissais.

Tout à coup, ma vie m'a semblé épuisante.

TROMPETTA : BIEN TENTÉ, MAIS JE SUIS NAZE. ON PARLE DEMAIN ?

CROCHE : OK. TU ME MANQUES)-:

Je n'ai pas pu m'empêcher de lever les yeux au ciel (un tout petit peu). On s'était vus à peine trois heures plus tôt... je ne pouvais pas déjà lui manquer. Je croyais que c'était les mecs qui étaient nuls en romantisme. Mais je commençais à comprendre que j'en savais encore moins sur leur espèce que je ne l'imaginais.

TROMPETTA : BONNE NUIT.

CROCHE : BEAUX RÊVES !

TROMPETTA : TOI AUSSI... À +.

CROCHE : JE PENSERAI À TOI TOUTE LA NUIT.

Pfiou, on pourrait y passer la soirée si je le laissais faire. Mais, pile au moment où je m'apprêtais à me déconnecter, une autre fenêtre de messagerie s'est ouverte sur mon écran.

NTHNSTRONG : ELLIE ?

J'ai fixé l'écran pendant quelques secondes, incapable d'enchaîner deux pensées dans l'ordre.

TROMPETTA : ???
NTHNSTRONG : HÉ ! C NATHAN.
NTHNSTRONG : J'AI DEMANDÉ TON PSEUDO À JAKE. J'ESPÈRE QUE ÇA T'EMBÊTE PAS.

J'ai légèrement grogné. Je préférais ne pas imaginer ce que Jake avait dû en penser !

TROMPETTA : OH. C'EST COOL.
NTHNSTRONG : JE VOULAIS M'EXCUSER. DÉSOLÉ SI C'EST DEVENU BIZARRE À CAUSE DE MOI.

J'ai fait la grimace et réfléchi aussi vite que possible. Comment devais-je réagir ? Être en colère ? Froide ? Le faire culpabiliser ? Ou juste continuer comme si rien ne s'était passé ?

TROMPETTA : Y A PAS DE BLEM.

Parfois, il valait mieux choisir l'option la plus simple. Plat, mais vrai.

NTHNSTRONG : TOUJOURS OK POUR LE DUO ?

Eh bien, si ça voulait dire une autre occasion de s'embrasser... Non ! Ellie, espèce de coquine ! J'étais supposée me sentir coupable !

TROMPETTA : POURQUOI PAS ?
NTHNSTRONG : OK... COOL.
NTHNSTRONG : TU VEUX RÉPÉTER LUNDI SOIR ?
TROMPETTA : OK.

La fenêtre de Connor a recommencé à clignoter.

CROCHE : TOUJOURS LÀ ?

Il était obsédé, ou quoi ? Il ne pouvait pas me laisser tranquille à tchater en paix avec mon ancien bourreau ?

TROMPETTA : DÉSOLÉE, JE FILE ! CIAO !
NTHNSTRONG : ... OK
NTHNSTRONG : À + ALORS.

Mince ! Je m'étais trompée de mec ! Là, il fallait absolument que je me déconnecte illico. Juste pour pas me griller.

Je leur ai dit au revoir à tous les deux et j'ai vite éteint mon ordinateur comme s'il allait exploser. La technologie compliquait parfois encore plus les choses.

J'ai mis Connor et Nathan de côté et j'ai encore essayé d'appeler Kristen pour la forme. Je savais qu'il devait y avoir une bonne explication et je n'étais pas du tout le genre de personne à attendre patiemment qu'on la lui donne. Lui laisser un message et la rappeler avant qu'elle m'ait fait signe serait pitoyable et vaguement désespéré, mais je ne pouvais pas m'en empêcher. J'étais trop anxieuse. J'avais besoin de parler.

Cette fois-ci, je suis directement tombée sur sa messagerie sans même que ça sonne. Elle avait éteint son portable sans me rappeler.

Je pouvais compter sur les doigts de la main les fois où elle m'avait ignorée de la sorte ; chacune était étroitement liée à un drame avec le mec-du-mois. Mais elle ne sortait avec personne depuis qu'elle avait cassé avec le tambour, la semaine précédente, et je n'arrivais pas à savoir où elle pouvait être, ni ce qu'elle pouvait être en train de faire pour m'ignorer à ce point-là.

Bon, j'avais peut-être été un peu vache avec elle à la bibliothèque, mais c'était mon style. J'avais du mal à croire que ça la vexe d'un coup comme ça.

« Voilà ! C'est ce qu'on risque quand on est trop proche des autres », ai-je marmonné en éteignant la lumière et en tirant la couette au-dessus de ma tête. C'est carrément clair quand ils commencent à vous éviter.

Chapitre 19

Le lendemain matin, j'ai vérifié le message d'absence de Kristen au saut du lit. Mais elle n'était toujours pas connectée. J'ai soupiré et me suis installée pour une répétition marathon.

J'ai repris tant de fois le duo qu'au bout d'un moment je n'avais plus besoin de penser à l'ordre des notes ou à la façon dont s'agençaient les rythmes.

J'avais la tête complètement vide.

Mais mes lèvres ont fini par lâcher et je suis allée faire un petit jogging au soleil de début septembre, mes écouteurs sur les oreilles, afin de ne surtout pas recommencer à penser. C'était plutôt efficace, mais, de temps en temps, le sourire moqueur de Jake apparaissait dans ma tête, ou je me mettais à comparer les baisers de Connor avec ceux de Nathan, ou bien je me montais le bourrichon contre Kristen parce qu'elle m'avait laissée tomber.

Quand je suis rentrée à la maison et que j'ai vu qu'il n'y avait toujours pas de message, j'ai capitulé : j'ai ravalé ma fierté et j'ai appelé Jake.

– Ouais ? a-t-il répondu brièvement.

J'étais déconcertée. C'était *moi* qui étais censée être en colère, non ?

– Salut, Jake... Ça va ?

J'espérais parler sur un ton conciliant, genre « tout est pardonné ».

– Ouais... Ça va.

Il n'avait formulé que trois mots, mais je percevais clairement le malaise.

– Qu'est-ce que tu as fait hier soir, alors ? ai-je demandé.

– Suis juste... sorti.

– Cool, ai-je poursuivi en essayant d'être décontractée, même si mes joues étaient en feu.

Silence. Je me suis raclé la gorge.

– Ben, moi, j'ai beaucoup répété ce matin, ai-je continué avec un petit rire nerveux. J'ai réfléchi à ce que tu avais dit et tu avais raison. Il faut que je fasse plus d'efforts.

Après une pause, il a répondu :

– Cool.

J'ai fini par craquer... C'était ridicule et ce n'était pas mon genre de faire comme si de rien n'était quand quelqu'un faisait son cinéma. Et encore moins si c'était Jake.

– Mais qu'est-ce qui se passe, là ? Pourquoi c'est tendu comme ça ? Bon, je suis désolée si j'ai été nulle et distraite, mais tu ne peux pas m'en vouloir à ce point pour ça ? Je ne t'ai rien fait, quand même !

Il a soupiré :

– Je ne suis même pas sûr de vouloir en parler.

J'ai cligné des yeux. Quoi ?

– Allez, ai-je repris, ça fait des années qu'on est amis... Dis-moi ce qui se passe, c'est tout.

– Je ne sais pas...

– Ben, moi non plus, si tu ne me dis rien !

– Ce n'est pas si simple. Ce n'est pas un truc dont on peut parler comme ça et puis « tourner » la page pour continuer comme si rien ne s'était passé.

– Jake, je te promets que je vais encore plus travailler et que je ne nous ferai pas passer pour des guignols, ai-je insisté. Je ne serai plus distraite pendant les répétitions, je te promets.

– Ce que tu peux être bête, Ellie. Ça n'a rien à voir avec la fanfare ! Ça n'a même rien à voir avec toi !

– Ah bon ?

Je n'y comprenais vraiment plus rien du tout. Je croyais qu'on parlait de mon solo et de la section.

– Ce n'est pas possible d'être aveugle comme ça ! Tu ne vois vraiment que ton nombril ? s'est-il emporté.

Il criait pratiquement, sa voix tremblait.

– Mais c'est complètement dingue. De quoi tu parles ?

– Tu sais quoi ? C'est trop nul... salut.

Et il a brutalement raccroché.

J'ai éloigné le téléphone de mon oreille et je l'ai observé comme s'il venait de me la mordre. J'étais *aveugle* ? Il se passait sûrement quelque chose de méga-bizarre et je ne m'étais jamais sentie autant à côté de la plaque.

J'avais besoin de quelqu'un qui connaissait Jake pour m'aider à décrypter cette folie. J'ai composé le numéro de Kristen en faisant une prière muette pour qu'elle me réponde.

M'évitant la crise de nerfs, elle a décroché :

– Salut, Ellie.

Elle semblait épuisée.

– Salut, tu peux parler ?

Ce n'était pas la peine de perdre du temps avec des préambules, même si elle m'avait ignorée la veille.

– Heum...

– S'il te plaît... je ne sais pas quoi faire, l'ai-je suppliée. C'est l'horreur avec Jake.

J'étais gênée par le désespoir que j'ai perçu dans ma voix. J'ai entendu un bip sur la ligne.

– Attends une seconde, j'ai un double appel.

Elle m'a mise en attente.

Je me suis assise sur mon lit et j'ai laissé retomber ma tête en attendant qu'elle me reprenne en ligne. Pourquoi cette partie de ma vie devait-elle s'effondrer en une pagaille monstrueuse pile quand je commençais à en maîtriser une autre ? Dès que je me trouvais un petit copain décent, mes amitiés explosaient en plein vol, allez comprendre !

– Désolée, c'était Jake...

– Oh, mon Dieu, qu'est-ce qu'il a dit ? ai-je lâché. Il m'en veut ? Il t'a dit pourquoi ? Qu'est-ce qui se passe ?

Elle a soupiré :

– Ce n'est rien. Ne t'inquiète pas.

– Je ne sais même pas ce qu'il y a ! ai-je répliqué comme une folle. Il n'a rien voulu me dire ! Est-ce que je deviens dingue ? Pourquoi il est bizarre comme ça ? Comment je peux changer, si personne ne me dit ce que j'ai fait de mal ?

– Calme-toi, a-t-elle dit d'une voix lasse.

L'espace d'une seconde, je me suis émerveillée du renversement des rôles : Kristen était calme et sereine et moi, une pelote de nerfs angoissée. Les choses avaient bien changé !

Je me suis même entendue utiliser la réplique qu'elle avait l'habitude de m'envoyer lorsque *je* lui disais de se calmer.

– Mais je suis calme ! ai-je insisté, avec la voix plus aiguë d'une octave que d'ordinaire.

– Non, tu t'excites comme une gamine de collège, a-t-elle rétorqué.

Malgré la brutalité de sa repartie, j'ai perçu quelque chose d'étrange dans sa voix. Comme si elle était au bord des larmes.

– Kristen, qu'est-ce que tu ne me dis pas ? Est-ce qu'il se passe quelque chose ?

– Ça m'en a tout l'air, a-t-elle soupiré.

Je ne savais pas du tout quoi dire, alors je suis restée silencieuse.

– Désolée, a-t-elle continué sans conviction. Il faut que j'y aille, là, je te rappelle plus tard.

Et elle a raccroché. Kristen m'a raccroché au nez. Bon, elle m'avait plus ou moins dit au revoir, mais j'étais quand même vexée.

À nouveau, j'ai fixé le téléphone comme une pauvre nouille, avec l'impression que c'était un instrument du diable. On m'avait quand même raccroché deux fois au nez dans la journée ! Comment en étais-je arrivée là ?

Je suis retournée à mon ordinateur en soupirant et j'ai vérifié le statut de tout le monde. Kristen et Jake étaient tous les deux déconnectés. Connor n'était pas en ligne non plus et je me suis rappelé qu'il devait aller au zoo avec sa sœur. Ça suffisait presque pour qu'une fille aille parler à sa mère.

J'ai immédiatement repoussé cette idée et me suis assise pour travailler ma trompette.

Chapitre 20

Quand Connor m'a appelée plus tard dans la soirée, j'étais encore en train de bouder dans ma chambre.

Je me suis sentie mieux dès que j'ai entendu sa voix.

– Je peux t'inviter à boire un café ? a-t-il proposé.

– Tu veux dire, est-ce que je peux te conduire au café où tu me paieras à boire ? l'ai-je repris en riant.

– Comme tu veux, a-t-il répondu, de bonne humeur. Je veux te voir, c'est tout.

– D'accord, je passe te prendre chez toi... Où est-ce que tu habites, déjà ?

Je m'étais dit que je pouvais toujours tenter le coup.

– Heu... tu peux me prendre au 7-Eleven, plutôt ?

Cette routine commençait à sérieusement me soûler, en plus de tout le reste.

– D'accord, j'y serai dans une demi-heure.

Après un mensonge maladroit à mes parents, je suis partie chercher Connor. Il est monté dans la voiture avec un sourire à vous faire fondre, puis il m'a longuement embrassée. L'irritation liée au 7-Eleven a instantanément disparu. C'est marrant, l'effet qu'un baiser peut avoir.

– Bon, on va à l'Espresso Café ? a-t-il demandé.

Je lui avais raconté que c'était notre spot préféré avec mes amis, mais je ne l'y avais encore jamais amené.

– Heu...

J'avais plus de chances d'y croiser quelqu'un que je connaissais que dans n'importe quel autre endroit sur Terre. C'était le café favori des musiciens de la fanfare, surtout le week-end.

– On pourrait peut-être aller ailleurs ? lui ai-je répondu.

Je nous ai donc conduits dans un *diner*[1] d'une ville voisine. J'y étais allée quelquefois avec Jake et Kristen et j'étais certaine de n'y retrouver personne. Sauf peut-être quelqu'un du groupe des bédaveurs, qui de toute façon ne se souviendrait pas de nous avoir vus le lendemain.

Mais, quand on est entrés, j'ai levé les yeux et j'ai suffoqué : Jake et Kristen étaient assis seuls sur une banquette près de la fenêtre, en pleine conversation. Ils ne nous avaient pas encore vus.

– Mince ! ai-je dit en cherchant du regard une plante verte derrière laquelle me cacher.

Connor a jeté un œil dans le resto et a vu pourquoi je paniquais. Il m'a pris le poignet, sa grande main l'enserrant complètement.

---

1. Le *diner* est un restaurant/café typique de la côte est américaine, où l'on sert une cuisine familiale traditionnelle. Il est souvent ouvert toute la journée.

– Allez, viens, a-t-il dit fermement, et il m'a fait avancer comme si j'étais une petite fille rebelle. On va régler ça une bonne fois pour toutes.

– Non, tu n'as rien pigé !

Je ne lui avais rien dit à propos des coups de fil dramatiques de l'après-midi. Il ne savait pas que les personnes assises sur la banquette à la fenêtre m'avaient toutes les deux raccroché au nez dans la journée, pour la première fois dans l'histoire de nos amitiés, et qu'apparemment elles me détestaient. Elles devaient sûrement être en train d'organiser mon assassinat imminent.

– C'est débile, a insisté Connor. On va simplement leur dire bonjour et s'asseoir ailleurs. Il faut que tu arrêtes d'en faire une montagne. Tu ne fais qu'empirer les choses.

Je me suis débattue sans trop de conviction pour dégager ma main, même si j'étais en partie d'accord avec lui. J'avais peut-être besoin, en effet, de me confronter à eux en chair et en os, pour comprendre ce qui se passait.

J'ai à nouveau regardé Kristen et Jake. Ils avaient apparemment une discussion très sérieuse. Tous deux semblaient tendus et malheureux, et Jake appuyait le front sur sa main comme si le simple fait d'être assis là lui donnait mal à la tête.

Bon, au moins, ils n'étaient pas en train de s'amuser sans moi.

– OK. Mais tu me laisses parler, ai-je dit.

Nous nous sommes dirigés vers leur table. Jake était assis de dos, c'est Kristen qui nous a vus en premier. Elle a écarquillé les yeux et, pour une raison inconnue, s'est mise à lentement secouer la tête, comme si elle voulait nous dire de nous en aller. Ou comme si elle voyait un cauchemar devenu réalité.

– Salut ! ai-je lancé d'un air décontracté en ignorant sa mine choquée. Ça va ?

Jake s'est brusquement détourné, une expression de surprise puis d'irritation dans le regard. Kristen continuait à secouer la tête. Ni l'un ni l'autre n'a ouvert la bouche.

– Hey, a dit Connor à côté de moi en leur faisant un salut ringard qu'ils n'ont pas relevé.

– Heu..., ai-je soufflé. (Apparemment, ils avaient tous les deux perdu la parole.) C'est marrant de vous voir ici.

Kristen a soudain retrouvé sa voix :

– On ne pensait pas que quelqu'un d'autre connaissait cet endroit... sauf... heum... toi, bien sûr.

– Les grands esprits se rencontrent ! a lâché Connor, tout content.

Il m'a instantanément crispée. C'était irrationnel, mais il ne comprenait pas du tout la gravité de la situation.

Pour être honnête, j'étais un peu sonnée, moi aussi. Je ne comprenais toujours pas où était leur problème, mais je savais que quelque chose de sérieux se tramait et que ce n'était pas le moment de faire des blagues bébêtes.

Puis j'ai remarqué que Kristen et Jake devaient être sur la même longueur d'onde que moi, puisque aucun des deux ne réagissait à la réflexion de Connor. Ils restaient assis là, l'air pincés et impassibles. J'ai reporté mon irritation sur eux... Ils auraient au moins pu lui donner une chance. Quels imbéciles ! Je commençais à en avoir marre de leurs sautes d'humeur.

– On voulait juste vous dire salut...

Jake me regardait aussi fixement que si je venais d'annoncer que je créais une secte satanique dans laquelle je comptais l'embarquer. Bon sang, mais c'était quoi, son problème ? Je commençais à être sérieusement remontée.

– Bon, ben, amusez-vous bien à... à faire je ne sais pas quoi, leur ai-je lancé. On va s'asseoir là-bas et j'espère qu'on ne vous gênera pas trop en étant là.

Sans attendre de réponse de leur part, j'ai fait volte-face et entraîné Connor dans le coin le plus éloigné du *diner*. Je me suis lourdement assise et me suis renfrognée, le menton entre les mains.

– Ils ont réussi à foutre la soirée en l'air. Champions ! ai-je marmonné tandis que Connor se glissait sur le siège en face de moi.

Il avait un air triste qui ne lui ressemblait pas du tout. J'ai pensé qu'il commençait à comprendre ma frustration. Visiblement, il ne suffisait pas de leur dire bonjour en croisant les doigts pour que tout aille au mieux.

– Ils n'ont jamais été comme ça, je te promets, lui ai-je confié après avoir commandé nos milk-shakes à la serveuse. Ça n'a pas toujours été le pays des Bisounours non plus, mais, là, c'est comme s'ils ne pouvaient plus m'encadrer. Sans aucune raison... Je *hais* le lycée.

Connor a esquissé un haussement d'épaules et m'a fait un petit sourire désolé :

– Je dois porter malheur ou un truc du genre.

J'ai hésité, me demandant si on nous regardait et nous jugeait depuis l'autre côté de la salle, et j'ai décidé que je me fichais pas mal de ce que ces deux-là pensaient de moi. J'ai pris la main de Connor sur la table et je l'ai tenue serrée :

– Sûrement pas. Toi, tu es carrément un porte-bonheur.

– Comment tu peux dire ça ? On dirait que je fiche tout en l'air seulement parce que je suis là.

– Oh, arrête, l'ai-je réprimandé en pressant ses mains. C'est vrai, c'est un peu bizarre, j'avoue, c'est stupide et immature – j'ai mitraillé du regard le couple qui nous ignorait de l'autre côté du restaurant, plongé dans sa conversation –, mais je n'ai jamais été aussi heureuse. Je ne sais pas comment je pourrais vivre sans toi.

Il a affiché un grand sourire reconnaissant, comme un petit garçon le jour de son anniversaire.

– Merci, a-t-il dit doucement en me serrant les mains. C'est... gentil.

Quelques minutes plus tard, une ombre s'est dessinée sur notre table. C'était Kristen ; Jake avait disparu. Il venait de partir sans rien dire. L'enfoiré.

– Hé, tous les deux, a soupiré Kristen.

Vue de près, elle n'avait vraiment pas l'air en forme avec ses yeux gonflés, ses vêtements froissés et sa queue de cheval fatiguée. Elle ressemblait si peu à la Kristen habituelle, toujours pimpante, que j'ai failli tout oublier et la serrer dans mes bras. Mais je me suis contentée de la dévisager.

– Salut ! a répondu Connor avec méfiance tandis que je restais muette.

J'ai senti qu'il maintenait fermement ses mains sur les miennes, comme s'il avait eu peur que je m'envole. Ou que je me lève d'un bond pour la frapper.

– Je voulais vous souhaiter... une bonne soirée... On se voit lundi ? Désolée pour... tu sais quoi, m'a-t-elle dit avec une expression lourde de sens.

J'ai soupiré avec force. La jalousie et l'irritation que je ressentais parce qu'il se passait quelque chose dont j'étais exclue gargouillaient dans mon estomac comme si j'avais mangé un vieux fromage pourri.

– Arrête ton char, ai-je rétorqué. Si tu étais vraiment désolée, tu me dirais ce qui se passe.

– Ellie, je ne peux pas encore. (Elle me regardait avec de grands yeux peinés.) Je suis vraiment désolée.

– Comme tu voudras, Kristen. (J'ai ouvertement détourné mon regard.) Vaut peut-être mieux que tu y ailles.

Du coin de l'œil, je l'ai vue croiser les bras et tourner les talons.

– À plus tard, a-t-elle marmonné.

Tandis qu'elle poussait la double porte du *diner*, mes yeux se sont à nouveau posés sur Connor :

– Tu y crois, toi ? Non, mais, sérieux, c'est quoi, ce binz ?

Il a haussé les épaules :

– Peut-être que ça ne nous concerne pas du tout.

Il a marqué une pause et a réfléchi un moment en fixant le plafond.

– Si ça se trouve, ils ont une histoire en secret et on les a surpris ?

Ce scénario tordu m'a d'abord fait rire :

– Kristen et Jake ? C'est le truc le plus débile que j'ai...

Plusieurs idées ont alors fusé dans ma tête. En fait, ce n'était pas si débile que ça. Jake était un des garçons les plus mignons et les plus sympas de la fanfare – enfin, jusqu'à récemment – et Kristen ne m'avait jamais dit une seule fois qu'elle flashait sur lui, alors qu'aucun autre mec n'avait échappé à ses griffes. Et, même si elle était la marieuse non officielle de la fanfare, elle n'avait jamais essayé de caser Jake avec une autre fille. Kristen passait d'un garçon à l'autre, jamais satisfaite, toujours en quête.

Il ne fallait pas chercher plus loin.

– Oh, ce n'est pas possible, ai-je dit doucement, toutes les pièces du puzzle se mettant en place. Kristen est amoureuse de Jake.

– Quoi ? J'ai raison ?

– Mais oui ! Elle lui a avoué qu'elle était amoureuse de lui et il a déjanté. C'est pour ça qu'elle est en vrac et qu'il s'est comporté comme un crétin !

– Vraiment ? Tu crois ?

– Comment est-ce que je n'ai rien vu ? me suis-je exclamée, les mains sur les tempes. Pas étonnant que Jake m'ait traitée d'aveugle !

Et à ce moment-là, bien sûr, la jalousie a encore explosé à l'intérieur de mon crâne, dans un gros nuage de fumée rouge. Mes deux meilleurs amis. Ensemble. *Dans mon dos.*

Enfin quoi, si Kristen était depuis tout ce temps amoureuse de Jake, pourquoi elle ne m'en avait pas parlé ? J'étais censée être sa meilleure amie, après tout, et elle ne m'avait jamais caché un truc aussi énorme. J'avais beau me plaindre d'entendre les récits de ses conquêtes, toutes ses sorties avec le copain-du-mois étaient passées à la loupe, tous ses coups de cœur étaient analysés. Comment avait-elle pu me dissimuler un secret pareil ?

Elle devait tout le temps être au bord de l'explosion.

– Je n'arrive pas à y croire..., ai-je chuchoté.

– Pourquoi elle ne t'en a pas parlé ? a soufflé Connor tandis que je restais dans un silence perplexe.

– Ouais... Il y a un truc qui ne tourne pas rond. Elle est incapable de garder un secret. Pourquoi elle m'aurait caché ça ?

– Peut-être que tu devrais essayer de lui parler encore une fois ? a suggéré Connor. Maintenant que tu sais ce qui se passe. Il y a peut-être une bonne raison.

« Ouais, comme se débarrasser de moi, hein ? » ai-je pensé avec amertume.

– Peut-être, ai-je murmuré.

Ça valait le coup d'essayer et de leur laisser le bénéfice du doute. Mais maintenant il y avait ce Gros Machin, ce gouffre énorme entre Jake et Kristen d'un côté et moi de l'autre.

– Mais pourquoi Jake est tellement en colère contre moi ? ai-je poursuivi. Il pète un câble parce qu'une de ses meilleures copines vient de lui dire qu'il lui plaisait, c'est ça ? Mais pourquoi il passe ses nerfs sur moi ? C'est...

– Naze ? a suggéré Connor.

– Exactement, ai-je dit. Mais... je ne pige pas. Enfin quoi, ils devraient m'inclure dans tout ça, au moins un petit peu.

À moins que... j'aie quelque chose à voir dans l'histoire?... Est-ce que c'est le truc le plus égocentrique que tu aies jamais entendu?

Une autre pensée s'est infiltrée dans mon esprit telle une limace dérangeante. Et si j'étais effectivement impliquée? Et si Jake et Kristen n'étaient pas joyeusement et immédiatement devenus le couple parfait de l'année parce que... Jake avait des sentiments pour *moi*? Ça aurait expliqué pourquoi il avait été aussi lourd au sujet de Connor. Et pourquoi l'histoire avec Kristen n'avait pas commencé plus tôt...

Connor me souriait:

– Non, mais ce n'est pas loin.

J'ai fait comme si je ne pensais pas à autre chose que lui et j'ai légèrement pincé sa peau entre son pouce et son index:

– Il se croit malin, le jeune homme!

– Si ça te concerne, ce qui n'est sûrement pas le cas, tu vas finir par t'en rendre compte, a dit Connor. Si j'étais toi, j'attendrais que ça passe.

Un carillon agacé a tinté dans ma tête. Qu'est-ce qu'il savait de tout cela? Jake, Kristen et moi étions amis depuis des années et le voilà qui débarquait du haut de ses quinze ans, prêt à nous analyser?

– Ça alors, comment j'ai pu survivre sans toi? Je ne savais pas que j'avais besoin d'un conseiller en amitié!

– Il faut bien que je serve à quelque chose!

Il a bombé sa poitrine, s'amusant à faire le coq.

– Sinon, tu attires le malheur partout où tu passes? ai-je lâché sèchement.

– Même pas. Les malheurs et moi, on n'est pas copains.

J'ai trouvé ça un peu gonflé de la part de monsieur Cachottier.

– Ah ouais ? C'est pour ça que tu ne veux pas me dire où tu habites ? ai-je lancé avec un petit rire qui devait être trop agressif.

Comme lorsque j'avais cloué le bec à Nathan, j'ai immédiatement regretté mes paroles. Et, de la même façon, cela a plombé l'atmosphère.

Le visage de Connor s'est assombri.

– Je suis... désolé. Je ne peux... pas encore.

– Ce n'est pas grave.

J'ai subitement pris conscience que j'étais cramoisie. J'ai retiré mes mains des siennes avant qu'elles ne se couvrent de sueur. Mais il a dû mal interpréter mon geste et son visage s'est encore plus affaissé.

– Je sais que c'est bizarre, a-t-il gémi d'une voix pleurnicharde. Je vais te le dire, je te promets.

– Ce n'est pas grave, je te répète.

Il recommençait à m'agacer. Pour de bon.

– C'est juste que tu me le demandes tout le temps et que je...

– *Connor!* ai-je lancé, furieuse. Sérieux. Oublie ! Je suis désolée de t'avoir posé la question !

Il a laissé échapper un lourd soupir avant de baisser les yeux vers ses mains. Je me suis tournée et j'ai regardé mon reflet dans la vitre assombrie par la nuit.

Et, soudain, je me suis demandé ce que faisait Nathan. Il n'était certainement pas en train de gémir comme ça, de jouer au coupable, de se confondre en excuses. Nathan était presque un adulte, *lui.* Il avait été direct quand je lui avais demandé ce qu'il faisait à Winslow, *lui.*

Est-ce que je perdais mon temps avec ce gamin ? Tandis que mes deux meilleurs amis commençaient (sûrement) à sortir ensemble, j'avais l'impression d'être à la traîne.

Et, comme pour illustrer mes pensées, Connor a soufflé sur un ton pitoyable :

– Je devrais peut-être rentrer chez moi.

– Tu veux dire au 7-Eleven ? (Je lui en voulais toujours.) D'accord, on y va, ai-je lancé en me levant.

Puis, exaspérée de voir Connor farfouiller dans ses poches pour trouver son porte-monnaie, j'ai jeté de l'argent sur la table.

– On y va, oui ?

On n'a pas dit un seul mot pendant tout le trajet jusqu'au parking du 7-Eleven.

– On se voit demain, peut-être ? a dit Connor d'une petite voix follement crispante.

– Il faut que je bosse ce duo, me suis-je contentée de lui répondre en lui jetant un bref coup d'œil. Je n'ai pas trop le temps.

Je l'ai laissé m'embrasser sur la joue avant qu'il ne descende de la voiture, mais le visage que j'avais en tête en rentrant chez moi n'était pas le sien.

*

Le lendemain, j'ai travaillé ma trompette. Et quand j'en suis arrivée au point où j'avais l'impression que toute ma mâchoire inférieure allait tomber en miettes, j'ai posé l'instrument et me suis mise à faire mes devoirs et à me morfondre, en alternance.

J'ai passé le reste de la journée à me demander si je devais appeler Kristen ou Jake, puisque aucun des deux n'avait montré le bout de son nez sur MSN. D'un côté, je mourais d'envie de connaître les détails : je voulais savoir si la supposition de Connor était la bonne – s'ils allaient vraiment sortir ensemble –, et interroger Kristen sur son étrange réticence au sujet de ce coup de cœur hypothétique pour Jake (et peut-être réussir à comprendre ce qui se passait dans la tête de Jake). Mais, d'un autre côté, j'hésitais à m'immiscer dans leurs affaires et je me disais que, s'ils voulaient m'en parler, l'un des deux me ferait signe.

Connor m'a appelée, lui au moins, et on a parlé pendant un moment. Je me suis excusée d'avoir été aussi vache la veille. J'étais toujours un peu énervée contre lui, mais j'ai éprouvé le besoin de me rabibocher avec une personne au moins.

– Tout change si vite, ai-je déclaré.

– Ça arrive.

J'ai levé les yeux au ciel. Mais qu'est-ce qu'il en savait ?

C'est donc avec une bonne boule d'angoisse que je suis allée au lycée le lundi matin. Quoi qu'il arrive, rien ne serait plus comme avant. Si Kristen et Jake commençaient à sortir ensemble, on ne serait plus jamais le même trio... Ce serait toujours eux plus moi. Cette idée me déprimait.

En plus, je me demandais toujours avec inquiétude si Kristen, même en plein drame personnel, avait trouvé le temps de parler de Connor et moi aux autres. Même si, bien sûr, je ne pouvais plus être certaine de rien avec elle, vu la manière dont elle m'avait caché son béguin pour Jake depuis le début.

Mais Jake et Kristen m'ont évitée toute la matinée et j'ai commencé à penser que je leur avais peut-être fait quelque chose pour qu'ils m'en veuillent autant. Jake est même allé jusqu'à se planquer dans les toilettes des garçons comme un gros trouillard quand il m'a vue arriver vers lui entre deux cours. J'étais à deux doigts de le suivre pour lui demander où était le problème, mais j'ai aperçu Connor qui avançait dans le couloir, et ma colère s'est évanouie.

– Ça va ?

Il s'est penché pour me serrer dans ses bras alors que nous étions en plein milieu du couloir. J'ai jeté un œil autour de moi et je l'ai tiré dans l'embrasure de la porte d'une classe vide. Il m'a enlacée et j'ai abandonné ma tête sur sa poitrine :

– Je ne sais pas ce qui se passe. Ils ne m'ont toujours pas adressé la parole.

– Ils vont le faire bientôt, c'est sûr, a-t-il dit en me caressant les cheveux.

– C'est tellement n'importe quoi. J'ai l'impression que je ne suis plus rien pour eux et je ne sais même pas ce que j'ai fait. Ils m'ont rayée de la carte.

Le seul qui semblait vraiment se soucier de moi était ce gamin que je connaissais à peine et qui ne voulait même pas me dire où il habitait... Qui ne me faisait même pas confiance, donc.

J'ai repensé à tout ce que j'ignorais de Connor. Je lui avais pratiquement déballé toute ma pauvre vie et je ne savais toujours pas pourquoi il fallait le déposer au 7-Eleven, ni de quelle ville il venait, ni pourquoi il était aussi mystérieux sur certains sujets.

La sonnerie de rappel pour le prochain cours a retenti et je l'ai repoussé en ignorant son expression vexée.

Heureusement, il y avait les répétitions de la fanfare, où je parvenais à presque tout évacuer. J'essayais obstinément de montrer à tout le monde que j'étais toujours une super-chef de section et une trompettiste de la mort... Il fallait absolument que j'y arrive. Il me restait au moins ça.

Nathan n'allait pas répéter avec le reste de la fanfare avant le vendredi et M. Barr m'a dit au début de la répétition que je pouvais y aller doucement sur ma partie du duo.

Je lui ai souri et lui ai déclaré que j'étais prête à jouer. J'avais l'impression que c'était un test et je ne risquais pas de le rater.

J'ai assuré comme une bête. Pas une note de travers. Je n'avais jamais aussi bien joué en répétition.

Il n'y a eu qu'un seul point noir dans cette heure de pur bonheur : Jake a refusé de me regarder et Kristen ne m'a fait l'honneur que d'un signe de tête assorti d'un sourire, préférant m'ignorer le reste du temps. Plus tard, je les ai aperçus parler ensemble, tranquillement, si proches l'un de l'autre que leurs fronts se frôlaient. Comme un vrai couple qui se fichait pas mal qu'on le voie.

Ce n'était pas une surprise, mais j'ai quand même ressenti un grand vide.

Je n'avais toujours pas recouvré mes esprits quand j'ai aperçu Connor qui se tenait près de l'entrée du stade, l'air décontracté. Je savais qu'il m'attendait, pour voir si j'allais faire attention à lui ou l'ignorer.

– Hé, ai-je dit calmement, consciente que les autres étaient autour de nous.

– Tu ne m'en veux pas, hein ? a-t-il demandé très doucement. Je voulais simplement en être sûr.

J'ai hoché la tête, peut-être trop vite :

– Mais ouais. On en a déjà parlé, non ?

– Cool, tant mieux, a-t-il répondu avec un petit sourire. Au fait, tu as assuré avec ta partie du duo.

J'ai regardé autour de moi pour vérifier si personne ne nous observait et j'ai brusquement décidé que je m'en fichais. Kristen et Jake venaient d'en faire la démonstration : c'était nul d'avoir des secrets. Je lui ai pris la main et nous nous sommes mis à marcher.

– Merci. Il valait mieux que ça soit génial, vu le temps que j'y ai passé. Je crois que maintenant je peux jouer tout le morceau en dormant si je veux.

Connor semblait distrait par le fait que je lui tienne la main. Son regard revenait sans cesse sur nos doigts entrelacés, comme s'il n'arrivait pas à croire ce qu'il voyait.

– Hé ho, je suis là, ai-je dit en riant.

Au même moment, Brandy Jenkins et une joueuse de flûte de terminale sont passées devant nous et nous ont dévisagés d'un air incrédule. Elles ont pouffé, puis sont parties en courant pour rattraper un groupe de filles plus loin, qui se sont promptement retournées pour nous observer, ébahies.

J'avais beau sentir mon visage s'empourprer, j'ai fermement tenu la main de Connor et les ai fixées sans ciller.

– Ça vous plaît ? leur ai-je lancé.

Leurs têtes se sont remises en place d'un seul coup, comme prévu, et tout le groupe a accéléré le pas. Je savais qu'elles se dirigeaient vers la salle de l'orchestre et que, quand nous y arriverions, tout le monde, y compris probablement M. Barr et peut-être même le gardien, saurait qu'il y avait quelque chose entre Connor et moi.

J'ai soupiré :

– On peut dire au revoir au secret, c'est sûr.

Connor a passé le bras autour de mon épaule et m'a rapprochée de lui :

– Ça n'a jamais été un très bon secret, de toute façon.

Je me suis surprise à hocher la tête, même si mes épaules se crispaient d'angoisse. Il n'y avait plus rien à cacher... au moins pour cette partie de ma vie.

J'ai envoyé au diable toutes mes précautions, me suis arrêtée et, sur la pointe des pieds, je l'ai franchement embrassé sur les lèvres. Devant tous ceux qui regardaient.

Chapitre 21

À peine un quart d'heure après le début de la pause déjeuner, je regrettais déjà ma décision. Connor et moi étions au centre de l'attention de tout le monde et j'avais l'impression d'être une pauvre bactérie sous le microscope d'un élève de troisième en cours de biologie. C'était encore pire que ce que j'avais imaginé.

– Alors..., a lancé Aaron depuis l'autre côté de la table, tandis que Connor et moi nous asseyions en tentant de ne pas remarquer tous les regards curieux. Ça fait combien de temps que vous êtes ensemble ?

– Une semaine, c'est tout, ai-je dit un peu fort pour que toutes les oreilles tendues en profitent. Juste une semaine.

– C'est trop cool, a bêtement commenté Connor.

Je lui ai donné un coup de coude dans les côtes. On n'était pas obligés d'en rajouter non plus.

Aaron a hoché la tête pensivement et a mordu dans sa pizza :

– Je vois.

– Vous allez venir au bal du *homecoming*? a hurlé Brandy Jenkins, assise à l'autre bout de la table, six mètres plus loin.

Une foule de visages s'est tournée pour voir notre réaction. Non seulement les visages des musiciens de la fanfare assis à notre table, mais aussi ceux des tables voisines où mangeaient tous les abrutis de l'orchestre.

J'ai pris une profonde inspiration. « Ne panique pas, ne panique pas, ne panique pas. »

– Ouaip, a dit Connor, tout content, à l'intention de toute la cafétéria.

Le visage de Brandy s'est affaissé en une mine boudeuse, mais Connor, qui s'était déjà retourné, n'en a rien vu.

– Oh, a-t-elle doucement laissé échapper.

Une de ses copines lui a donné de petites tapes réconfortantes sur l'épaule.

Bingo, un autre cœur brisé. Et maintenant j'allais en plus devoir me méfier de Brandy Jenkins et de ses visées sur mon copain. Il ne manquait plus que ça ! Et, même si elle n'avait aucune chance de me le piquer en un million d'années, ça restait crispant. Surtout parce qu'une petite voix me susurrait que Brandy serait probablement beaucoup moins compliquée que moi sur tous ces trucs de couple... Elle ne ferait sûrement pas de fixette sur l'âge de Connor, ni toute une histoire pour annoncer aux autres qu'elle sortait avec lui.

Elle n'embrasserait certainement pas un autre garçon non plus, pour ensuite refuser d'assumer. Connor serait peut-être finalement mieux avec une fille comme Brandy?

J'ai regardé autour de moi à la recherche de Jake et Kristen, mais aucun des deux n'était venu déjeuner. J'ai soupiré et secoué la tête, ressentant à nouveau ce grand vide solitaire.

Je ne pouvais pas m'empêcher de ressasser que, trois jours plus tôt, ils étaient encore mes meilleurs amis et qu'aujourd'hui j'avais l'impression d'à peine les connaître. C'était comme s'ils m'avaient abandonnée sur le bord de la route, comme une bouteille vide ou un truc du genre, complètement inutile.

À force de ruminer ces pensées, en plus de l'attention des autres dont je me serais bien passée, j'ai commencé à paniquer.

– Allez ! ai-je dit calmement quand personne ne semblait me regarder. On sort d'ici.

J'ai tiré sur la manche de Connor. Il a hoché la tête, a rapidement mis dans son sac ce qui restait de son casse-croûte et s'est levé. Comme une assemblée de robots, la tablée s'est tue et s'est tournée d'un seul mouvement vers nous.

Aaron nous a lancé un petit sourire narquois avec une lueur mauvaise dans l'œil :

– Vous allez quelque part, les loulous ?

– C'est pas vrai, ça, Aaron, ai-je grincé en le fusillant du regard. Occupe-toi de tes oignons !

Des rires moqueurs ont fusé à table. Ma vision a commencé à se flouter, mon cœur tambourinait. Aaron souriait de toutes ses dents. La main devant la bouche, Brandy riait. *Tout le monde* nous regardait.

Manifestement, mon pire cauchemar avait choisi de se réaliser à ce moment précis et j'ai soudain eu l'impression de perdre tout contrôle.

Je m'apprêtais à leur cracher mon venin après avoir inspiré un bon coup quand j'ai senti le bras de Connor passer autour de ma taille. Il me serrait. Possessif.

– On s'en va, a-t-il murmuré doucement en m'entraînant avec lui.

J'ai eu la sensation que les rires nous suivaient hors de la pièce, résonnant dans mes oreilles. J'ai attendu que nous soyons sortis dans le couloir, loin de leurs regards, et j'ai brusquement dégagé mon bras.

– Pourquoi tu as fait ça ? ai-je demandé, le cœur continuant à cogner dans ma poitrine.

– J'ai fait quoi ?

– Me traîner hors de la cafèt' comme si j'étais une gamine de trois ans qui fait un caprice ? ai-je craché.

– Ellie, j'ai vu que tu allais péter un câble.

Il a levé les mains en l'air comme pour montrer qu'il n'était pas armé :

– J'ai pensé qu'il valait mieux que l'on s'en aille avant que tu dises des choses que tu allais regretter.

– Écoute, Connor, c'est *moi* qui décide de ce que je veux dire, ai-je pratiquement hurlé, emportée par le flot d'émotions accumulées ces derniers jours. Tu n'es pas ma mère. Tu n'as pas à me dire ce que je dois faire.

– Je ne t'ai pas dit ce que tu devais faire, a-t-il insisté. J'essayais de t'aider.

– Non, tu essayais de me contrôler ! me suis-je exclamée en pointant mon doigt vers lui. Et personne ne me fait ça... sûrement pas un gamin de seconde qui a à peine quinze ans.

J'ai vu que je l'avais blessé et une partie de moi était choquée par ma méchanceté. Mais je ne maîtrisais plus du tout ce que je disais. Je voulais juste me lâcher. Et pas de bol, c'était lui qui était planté devant moi, la cible parfaite.

– Je suis désolé que tu l'aies pris comme ça.

– Mais c'est pas vrai, ça, tu ne peux pas la fermer, monsieur Je-sais-tout-super-mature ! ai-je vociféré. De quel droit tu te permets de juger les autres alors que tu n'es même pas fichu de dire franchement où tu habites et ce qui se passe chez toi ? !

Il m'a regardée, abasourdi, et j'ai senti une vague de culpabilité me submerger. Je n'avais aucune raison de lui parler de ça maintenant.

Tu vois ? C'est pour ça que tu es restée en dehors de tous ces trucs pendant si longtemps, a couiné une sale voix moqueuse dans ma tête. *Si tu étais restée tranquillement toute seule, rien de tout cela ne serait arrivé. Tu ne lui aurais pas fait de peine. Tu n'aurais pas embrassé quelqu'un d'autre. Tu ne te sentirais pas coupable.*

– Je suis désolée, ai-je laissé échapper. Je ne voulais pas te dire de la fermer... ni le reste.

Des larmes désordonnés me sont montées aux yeux. Connor m'a fixée avec un regard d'animal blessé, comme s'il n'était pas sûr de croire mes excuses et craignait que j'explose à nouveau.

– Tu sais, la journée a été longue, ai-je expliqué d'un ton suppliant. Tout est vraiment super-bizarre et... j'ai besoin de temps pour... m'habituer à tout ça.

J'ai affiché un sourire faiblard ; ma rage avait entièrement disparu et avait laissé la place à des remords qui me torpillaient l'estomac. L'expression de son visage me brisait le cœur.

– Ça va, a-t-il ronchonné. Je vais te laisser te calmer. Et je te dirai après les cours au sujet de... l'autre truc, si tu es toujours intéressée. Tu as raison, tu as le droit de savoir.

En jetant un dernier regard peiné par-dessus son épaule, il s'est éloigné dans le couloir. Je me suis appuyée contre le mur et j'ai lentement glissé sur le lino.

« Connor ne méritait pas ça, me suis-je dit sévèrement. Il ne me supportera pas longtemps si je continue à déjanter comme une schizo. Je comprendrais qu'il en ait marre de moi. » C'est vrai, quoi, même moi j'en avais marre de moi.

Tout avait tellement changé, je n'arrivais pas à y croire... Avant, je pensais que quand on arrivait en terminale, on avait tout pigé, on savait qui étaient nos amis, qui on était et où on allait.

Mais là, j'étais aussi perdue et mal assurée qu'en troisième et ça ne me plaisait pas du tout.

Chapitre 22

Le reste de la journée s'est écoulé avec une lenteur accablante. J'ai à peine trouvé l'énergie de prendre des notes pendant les derniers cours de l'après-midi et j'ai totalement raté une interro surprise en maths. J'étais probablement en train de torpiller ma moyenne générale, comme si j'avais besoin de ça en plus du reste. Ce qui signifiait que je ne décrocherais pas une bonne université. Donc, que j'avais pour ainsi dire déjà raté ma vie.

Tout allait de travers. Les amis, les cours, la fanfare, la nouvelle vie amoureuse... Je me demandais s'il était encore possible de refaire ma rentrée en terminale dans un pensionnat pour filles quelque part, très loin d'ici. En Mongolie, par exemple.

Et, pour être honnête, je mourais de trouille à l'idée d'affronter Kristen et Jake et de discuter de notre nouvelle situation. Vu la chance que j'avais en ce moment, ça tournerait sûrement au vinaigre. J'allais fatalement m'enfoncer un peu plus, toute seule, comme une grande. Plus personne ne me parlerait jusqu'à la fin de l'année, mes parents me déshériteraient et je finirais par vivre dans un abri à pique-nique sur le lac Winslow.

Connor m'attendait à côté de ma voiture. Le parking des terminales était presque vide, mais les derniers traînards le regardaient avec curiosité s'appuyer contre la porte du conducteur. On pouvait donc sérieusement en déduire que toute l'école était maintenant au courant.

J'ai péniblement rejoint ma voiture et Connor m'a dit bonjour avec un sourire timide.

Je lui ai répondu par un « Salut ! » et lui ai fait signe de monter dans la voiture. Une fois à l'intérieur, nous sommes restés silencieux ; j'essayais de trouver quelque chose à dire.

– Est-ce que ça va ? m'a-t-il demandé au bout d'un moment. Comme tu n'as pas dit si tu voulais qu'on se retrouve après les cours, je ne savais pas...

Il m'a scrutée d'un air perplexe. Je devais être belle à voir !

Je ne savais pas quoi lui dire. Ce n'est un secret pour personne et on en parle dans quantité de films et de romans pour ados : en cas de tromperie et de baisers volés, l'honnêteté est la meilleure des politiques. Si je n'avouais pas rapidement à Connor ce qui se passait vraiment – ce truc avec Nathan –, il allait le découvrir, c'était sûr, et je passerais pour une sale menteuse. Alors que, si je lui en parlais maintenant, je me déchargerais peut-être de toute la culpabilité... tant que je ne lui racontais pas que j'avais répondu au baiser de Nathan, évidemment.

– Connor, je...

Ses yeux étaient tellement bleus. Grands. Et confiants. Comme les yeux d'un enfant innocent qui attend uniquement qu'on lui dise que tout va bien. Ce qui n'était pas loin de la réalité, j'imagine.

Soudain, j'ai décidé que je ne pouvais pas supporter de le rendre triste, et de voir son visage se décomposer en lui disant que j'avais embrassé quelqu'un d'autre.

– J'ai beaucoup de travail. Je peux simplement te déposer ?

Il a froncé ses sourcils :

– Qu'est-ce qu'il y a ? J'ai fait une bourde ? Je suis désolé pour le déjeuner tout à l'heure.

– Non, non, ça n'a rien à voir, ai-je insisté, l'estomac tenaillé par la culpabilité. Il faut juste que je réfléchisse à... un tas de trucs.

Connor m'a dévisagée d'un air implorant et j'ai compris qu'il attendait que je développe un peu.

– Tu n'as rien fait de mal, ai-je poursuivi. C'est moi. Il se passe trop de choses.

– C'est ton duo avec Nathan ? a-t-il demandé avec un tremblement dans la voix. Je peux t'aider ?

Il m'a fallu tout ce qui me restait de volonté pour ne pas m'effondrer :

– Non, tu ne peux rien faire. J'ai besoin de temps pour réfléchir, c'est tout.

Il a lentement hoché la tête et s'est enfoncé dans son siège. J'ai mis le contact, et la musique de U2 a retenti dans la voiture. Il s'est détourné pour regarder par la fenêtre, comme s'il ne voulait pas que je voie son visage. J'ai coupé « Sweetest Thing ». Ce n'était pas la peine de rajouter du pathos à la situation.

On a roulé en silence jusqu'au 7-Eleven, où on est restés une minute sur le parking. Connor s'est penché pour prendre ma main. Je l'ai laissé faire.

– Ellie ?

Sa voix était calme.

– Ouais ?

– Je t'ai dit que je te raconterais pour cette histoire du 7-Eleven.

Je l'ai fixé, ma curiosité piquée à vif, et j'ai hoché la tête.

Il est resté silencieux pendant un moment et je lui ai serré la main pour l'encourager :

– Raconte. Ça te fera du bien de lâcher le morceau.

Que ce soit *moi* qui le pousse à être honnête ne manquait pas d'ironie – cela ne m'a pas échappé –, mais j'ai eu l'impression que c'était ce qu'il fallait faire.

– Bon. (Il a pris une profonde inspiration.) Je vais te montrer où j'habite, si ça ne t'embête pas de m'y accompagner. Et si tu promets de ne pas me détester après.

J'ai tourné la tête vers lui en mettant le contact :

– Pourquoi est-ce que je te détesterais ?

– Tu vas voir, a-t-il dit en s'enfonçant dans son siège. Prends à gauche.

Il m'a dirigée dans le quartier derrière le 7-Eleven, rempli de maisons couleur crème qui ressemblaient beaucoup à la mienne. Je continuais à lui jeter des coups d'œil, comme si l'explication de tous ces trucs bizarres allait apparaître en grandes lettres sur son visage. Mais il évitait de croiser mon regard.

– C'est là, a-t-il fini par dire.

J'ai arrêté la voiture, près de la boîte aux lettres. C'était un pavillon ordinaire avec des volets blancs et un pin dans le jardin. Dans l'allée devant le garage était garé un break gris métallisé.

Un break gris métallisé très familier. Un break que j'avais vu plein de fois sur le parking de l'école.

– Qu'est-ce..., ai-je commencé en le dévisageant.

Puis je me suis concentrée sur la boîte aux lettres derrière sa tête. Un nom de famille était écrit avec les autocollants noirs et dorés que l'on achète dans les magasins de bricolage.

– Barr ?

Connor a acquiescé, d'un air malheureux.

– Comme... (j'ai cligné des yeux en le regardant, on pouvait presque entendre crisser les rouages de mon cerveau)... M. Barr ? *Notre directeur de fanfare ?*

À nouveau, il a hoché la tête, cherchant mon regard.

– Tu habites chez M. Barr ?

– C'est... heu... en fait... c'est mon oncle.

– M. Barr, le directeur de la fanfare, est *ton oncle*?

Il a encore fait un signe de tête, à peine perceptible :

– J'ai emménagé chez lui et ma tante, cet été, après m'être fait virer de mon lycée. Je... heum... j'allais dans une école des arts du spectacle. Pour la trompette.

– Pour la trompette, ai-je répété, consciente de la pointe d'hystérie dans ma voix. Tu étais dans une école d'arts du spectacle pour la *trompette.*

– Ouais... en fait... je joue pas mal. Du genre *prodige*, il paraît. C'est ce qu'ils racontaient, en tout cas, jusqu'à ce qu'ils me mettent dehors. Je suis vraiment désolé de ne pas te l'avoir dit plus tôt.

– Tu es *désolé* de ne pas me l'avoir dit plus *tôt*?

– Ellie, s'il te plaît, arrête de répéter tout ce que je dis, c'est encore pire.

Je suis partie d'un rire bruyant, en soufflant comme un bœuf, et j'ai fini par me mettre à tousser.

– Attends, mais on est sur quelle planète, là ?! Mon copain, qui, soit dit en passant, aurait pu tout me raconter depuis longtemps, vient de m'avouer qu'il s'est fait virer de son ancienne école, qu'il est un trompettiste prodige et que mon directeur de fanfare est son oncle. Il y a autre chose ? Tu as peut-être douze ans en réalité ? Ou tu es un siamois détaché de son frère ? Ou une fille, tiens, pourquoi pas ?

Connor a secoué la tête, pitoyable :

– Non, je crois que c'est tout.

J'ai cligné les yeux un instant tout en essayant de réfléchir :

– Pourquoi ils t'ont viré ?

Il a haussé les épaules, l'air embarrassé :

– Je crois que... j'en ai eu assez. Sauf que, là-bas, ils sont tous tellement à fond dans leur truc, leur violon, leur hautbois, leur théâtre, leur je ne sais pas quoi, que c'était insupportable. Mais je n'arrivais plus à me motiver pour jouer, pas à ce niveau, je n'en pouvais plus. Je joue du piano depuis que j'ai trois ans et de la trompette depuis que j'en ai sept, et j'en ai eu marre. Alors ils m'ont conseillé d'aller dans un lycée normal où il y aurait moins de pression et de compétition.

– Un lycée où les gens sont nuls et où tu n'aurais pas à faire d'efforts ? ai-je poursuivi sèchement.

J'étais furieuse à l'idée qu'il soit venu à Winslow, dans *ma* section, parce qu'ils pensaient que cela ne lui demanderait aucun travail. Est-ce que je le faisais bien rire depuis le début ? Avec mon niveau d'amateur comparé à lui ?!!

– Non, ce n'est pas ça du tout...

– C'est pour ça que tu as eu droit à une exception et que tu n'as pas fait le stage ? l'ai-je interrompu. Parce que le directeur est ton oncle ? Dis donc, c'est vachement sympa pour les autres.

– Ellie, je ne savais même pas que j'allais venir ici avant le mois d'août. Je n'ai pas eu le temps, c'est tout, et ils ont pensé que je m'en sortirais.

– Et en plus, ai-je poursuivi comme si je ne l'écoutais pas – ce qui était le cas, en fait – tu m'as toujours caché chez qui tu vivais, tu m'as menti depuis le début ? Comme quand tu m'as raconté que tu étais allé au zoo avec ta sœur et que tu étais proche de ta mère, tout ça ce n'était qu'un tas de mensonges ?

– Non, elles sont bien venues me rendre visite, a-t-il répondu, sur la défensive. On est vraiment allés au zoo ce jour-là.

J'ai soufflé lourdement et empoigné le volant :

– C'est bon, là. Descends.

– Quoi ? a-t-il dit d'une voix fluette.

– Descends, ai-je répété, toujours incapable de le regarder.

J'avais peur d'éclater en sanglots comme une gamine en colère. Comment avait-il pu me mentir aussi longtemps ? Comment avais-je pu être aussi idiote ?

Connor jouait beaucoup mieux de la trompette que moi depuis le début et je n'avais rien vu.

Sérieusement, est-ce qu'il y avait quelqu'un dans ma vie qui ne se foutait pas de moi ?

– Ellie, a-t-il dit en se penchant vers moi et en prenant ma main toute molle. Ça me plaît de vivre ici et de jouer dans ta section. Je suis tellement plus heureux que dans mon ancien lycée. Et je trouve aussi que tu joues super-bien. Je pensais tout ce que je t'ai dit et tu... S'il te plaît, ne va pas t'imaginer que je te regarde d'un œil critique ou je ne sais pas quoi.

J'ai dégagé ma main de la sienne et pointé le doigts vers la porte sans dire un mot.

– Tu vas me pardonner ?

J'ai reposé ma tête sur l'appuie-tête et fixé le plafond de la voiture :

– Je ne sais pas. Descends, s'il te plaît, c'est tout.

– D'accord, a-t-il dit en ouvrant lentement la portière. Ben... appelle-moi, si tu as envie de parler.

– Ouais, on verra.

J'ai fait le trajet de retour à la maison en pleurs.

Chapitre 23

Ce soir-là, j'ai picoré mon dîner pendant que papa et maman blablataient au sujet des universités. Exceptionnellement, papa était rentré tôt de son travail, ils avaient soudain le feu aux fesses pour que je termine de remplir les dossiers de candidature qui s'entassaient sur mon bureau. Ils ont à peine remarqué mon silence et mes yeux gonflés.

– Alors, qu'est-ce que tu en penses, Ellie ? a finalement demandé ma mère, après avoir débattu avec mon père des avantages et inconvénients de toutes les universités débiles de ce pays débile.

J'ai haussé les épaules tout en poignardant mon saumon :

– Franchement, on s'en fout, non ?

Les fourchettes de papa et maman sont retombées en cliquetant sur leurs assiettes comme deux danseurs en pleine impro sur le thème de la trahison.

– Pardon ? a demandé papa au bout d'un moment.

J'ai levé des yeux maussades vers eux :

– J'ai dit : « On s'en fout. » Vous avez fait tout un pataquès de cette histoire d'université. J'en ai marre d'en parler.

– Ellie, qu'est-ce qui t'arrive ? s'est inquiétée maman. Tu parles de l'université pratiquement depuis que tu es entrée en troisième.

– On croyait que tu en avais envie, a ajouté papa. Il y a quelque chose qui ne va pas ?

– Tu es déprimée ? a craintivement investigué maman.

– Tout va bien en cours ? a enchaîné papa.

– Oh, mon Dieu, tu n'es pas droguée à la méthamphétamine, au moins ? a quasiment hurlé maman. Tu sais qu'ils fabriquent ça avec du poison ?

J'ai patiemment attendu qu'ils aient terminé leur crise d'hystérie, puis j'ai secoué la tête :

– Non, ça n'a rien à voir. Tout va bien en cours, je ne suis pas déprimée et non, maman, je ne prends pas de méthamphétamine. Pour qui tu me prends, ce n'est pas possible, ça ? !

Ils ont tous les deux paru soulagés et ont échangé un regard.

– Alors, qu'est-ce que c'est, ma puce ?

Maman était manifestement beaucoup moins inquiète maintenant qu'elle savait qu'elle n'aurait pas à expliquer les cures de désintoxication de sa fille à ses copines du Sierra Club.

– Rien, c'est juste... des trucs, ai-je vaguement répondu tout en déchiquetant ma serviette en papier.

– Quel genre de trucs ? a demandé papa avec sa voix « ouvre-tout » d'avocat.

– Des trucs avec des copains, ai-je dit en haussant les épaules.

– Tu veux en parler ?

– Pas vraiment, ai-je fait.

Je n'avais aucune envie de leur raconter mes soucis. Je savais qu'ils ne m'avaient jamais vue broyer du noir comme ça et qu'ils auraient du mal à être objectifs sans m'envoyer chez un psy.

Depuis le premier drame au sujet de Nathan, quand maman avait voulu que je quitte la fanfare, je ne leur avais quasiment jamais demandé conseil sur quoi que ce soit.

Et je m'en étais bien sortie toute seule, vraiment, jusqu'à ce déferlement de garçons.

Quelque part, je doutais de leur capacité à analyser rationnellement mes états d'âme sur mon vieux coup de cœur fatal qui m'embrassait en faisant comme s'il n'avait pas détruit ma vie en troisième. Ou mes états d'âme sur la perte de mes deux meilleurs amis, qui avaient décidé qu'ils préféraient être ensemble plutôt qu'avec moi. Sans parler de la nouvelle donne sur mon petit copain secret, un prodige de la trompette qui s'était fait virer de son ancien lycée parce qu'il avait décidé de s'en foutre.

Depuis quand la vie était-elle aussi tordue ?

– Tu es sûre ? a insisté maman, un peu perdue, en lançant un rapide coup d'œil à papa.

– Ouais, une autre fois peut-être, ai-je dit en haussant les épaules.

– Ça n'a rien à voir avec... (papa a hésité, très gêné) *le sexe*, n'est-ce pas ?

Je n'ai pas pu m'empêcher d'esquisser un sourire. J'aurais presque préféré que ce soit aussi simple que le sexe. Si tant est que le sexe soit simple, ce dont je n'avais aucune idée. Enfin, à ce moment-là.

– Non, papa. Je te promets. Ce n'est pas grave, je crois, rien de spécial. Et vous ne pouvez rien faire, sérieux. Je vais me débrouiller.

Connor n'apprécierait sûrement pas d'être présenté comme quelque chose de « pas grave », et Jake et Kristen ne seraient pas contents que leur nouvelle relation soit qualifiée de « rien de spécial ». Quant à savoir quoi faire avec Nathan... je n'étais pas persuadée d'en être capable.

Mais il était hors de question d'avouer à mes parents que j'étais aussi paumée. Je m'étais toujours crue à l'abri des angoisses adolescentes et il m'était impossible d'admettre que je n'avais aucune idée de ce que j'allais faire.

Et ils avaient l'air si... *vieux*.

Je les ai aidés à débarrasser après le dîner, puis je me suis retranchée dans ma chambre le reste de la soirée. J'ai travaillé ma trompette pendant un moment et j'ai essayé de me plonger dans mes devoirs, mais les scènes de ces derniers jours repassaient dans ma tête comme un disque rayé :

Jake et Kristen, front contre front, comme un vrai couple.

L'expression du visage de Brandy Jenkins et des autres lorsqu'ils avaient compris que Connor et moi sortions ensemble.

L'air coupable de Connor quand il m'avait annoncé qu'en fait il jouait mieux que moi, que mon prof préféré était son oncle et qu'il était simplement désolé.

Puis Nathan qui s'était penché pour m'embrasser, et moi – la honte – qui n'avais rien fait pour l'en empêcher et qui même en redemandais. (Cette scène repassait carrément en boucle, comme si mon cerveau avait voulu se flageller d'être aussi cruel.)

Je me suis assise sur mon lit et me suis balancée d'avant en arrière, réfléchissant à ce que je pourrais faire, ce que je pouvais effectivement maîtriser. Et il n'y avait vraiment qu'une seule chose, qu'une seule personne qui voulait entendre parler de moi... et qui méritait de connaître la vérité.

J'ai composé le numéro de Connor d'un doigt tremblant. Une femme a décroché ; Mme Barr, je le savais maintenant.

– Salut, Ellie, a dit Connor en reprenant la ligne avec un entrain prudent. Ça va ?

Il n'y avait pas de raison de tourner autour du pot.

– Puisque tu m'as dit la vérité, j'ai décidé que je devais te dire quelque chose.

– Ouais ?

– Il faut que tu saches que tu vas peut-être me haïr...

– Pourquoi ? a-t-il demandé en commençant à paniquer.

J'ai inspiré profondément, fermé les yeux, et lui ai brièvement raconté ce qui s'était passé avec Nathan. Je lui ai dit qu'il m'avait embrassée, que je ne l'avais pas giflé et que l'on n'avait plus abordé le sujet depuis. Je parlais à toute vitesse, sans lui accorder aucune chance de m'interrompre ni me laisser le temps de réfléchir à ce que j'allais dire ensuite...

– Voilà toute l'histoire. Puisque tu as été honnête, je me suis dit qu'il fallait que je le sois moi aussi.

Il y a eu un long silence.

– Et qu'est-ce que ça t'a fait ? Quand il t'a embrassée ? a finalement demandé Connor.

J'ai cligné les yeux. C'était ça, sa réaction ?

– J'étais furieuse... peut-être écœurée, ai-je suggéré.

Que des mensonges.

– Et après ? a-t-il insisté.

J'ai posé la tête sur ma main et j'ai soupiré :

– Confuse.

– Pourquoi ?

Mince alors, c'était comme parler à un psy.

– Parce que... je ne savais pas vraiment ce que je ressentais.

Un silence a suivi. Aussi pénible que vingt-quatre heures de douloureux crissements d'ongles sur un tableau.

– Allô, ai-je fait, croyant qu'il avait raccroché.

– Ouais, je suis là.

– Je suis désolée, j'ai pensé que tu devais savoir et...

– Arrête, m'a-t-il interrompue.

– Arrête quoi ? ai-je demandé d'une petite voix.

– Arrête de jouer à la victime.

L'hostilité soudaine de sa voix m'a tordu l'estomac. Si je m'attendais à ce qu'il me comprenne sur toute la ligne, j'allais visiblement être déçue.

– Tu as aimé que Nathan t'embrasse et tu veux que je te dise que ce n'est pas grave ?

– Non, pas du tout, ai-je protesté. Connor, je ne voulais pas que ça arrive. Je ne voulais pas qu'il m'embrasse. C'est arrivé, c'est tout.

– Si c'était vrai, tu ne serais pas perdue aujourd'hui, a-t-il souligné.

J'ai soupiré. Qu'il aille se faire voir avec sa logique.

– Ellie, c'est à *toi* de savoir, a-t-il dit, d'une voix un peu plus douce. Je ne peux pas te dire ce que tu dois faire. Tu sais ce que je ressens pour toi et je ne peux pas dire grand-chose d'autre.

Ma lèvre a légèrement tremblé. Je me suis demandé combien de calories je brûlais en pleurant autant. Ça devait s'élever à des centaines, maintenant.

– Je suis vraiment désolée, ai-je répété. Je m'en veux. J'aimerais revenir en arrière.

Enfin... peut-être.

Il est resté silencieux.

– Ça n'arrivera sûrement plus jamais, ai-je murmuré.

– *Sûrement* plus jamais ? Qu'est-ce que tu as dit à Nathan quand il t'a embrassée ? Tu lui as dit d'arrêter ? Qu'il n'avait aucune chance ? Que tu étais avec moi ?

J'ai réfléchi en mordant l'intérieur de ma joue.

– En fait, je ne lui ai rien dit, ai-je avoué en fermant les yeux aussi fort que si je m'attendais à recevoir un coup dans le visage, vu l'horreur de ce que je venais de dire. Je lui ai expliqué que je sortais avec quelqu'un, mais après il y a eu encore... un autre baiser.

– Vraiment ? a lâché Connor d'une voix qui était descendue à cinquante degrés au-dessous de zéro.

– Heu... oui.

– Alors peut-être que tu devrais prendre du temps pour réfléchir à tout ça, a-t-il suggéré, ni gentil ni totalement en colère non plus.

Il semblait seulement résigné et déçu.

– Et du recul, a-t-il ajouté. Pour que tu décides qui tu veux vraiment embrasser.

– Mais toi aussi, tu m'as menti...

– Fais-moi signe quand tu auras décidé, a-t-il poursuivi. Pour toi et moi.

– Connor, je suis tellement...

– Salut.

Il a raccroché.

J'ai jeté le téléphone sur mon lit et, la tête entre mes mains, je me suis frotté les tempes. J'étais bien avancée ! Et maintenant, qu'est-ce que j'étais censée faire ? Revenir en rampant vers un menteur de seconde comme si j'avais fait quelque chose d'absolument impardonnable ? M'en vouloir pour mon mensonge – pas si énorme que ça, quand même –, alors qu'il m'avait pratiquement tout caché sur sa vie ? Ou me lancer dans quelque chose de nouveau ? Avec quelqu'un de mûr ?

Je me suis levée. J'ai marché vers le miroir au-dessus de ma commode et je me suis observée.

– Toi, ai-je dit à mon reflet, tu n'es plus une petite fille.

Je me suis regardée dans les yeux, j'ai hoché la tête et j'ai souri.

Une heure plus tard, je me préparais à aller répéter le duo avec Nathan, tout émoustillée et nerveuse (et avec une pointe de culpabilité quand même).

J'allais tout mettre à plat avec lui. J'allais prendre des décisions. Choisir des directions. Sortir avec des garçons.

Je me suis lavé les dents. J'ai mis un parfum d'un échantillon quelconque. J'ai essayé pas moins de huit T-shirts différents pour trouver le haut parfait qui ne moule pas trop ma poitrine tout en restant féminin.

Pour faire court, j'ai fait un effort. Ce qui était étrange et inhabituel et m'a donné l'impression que je bluffais sur une mise élevée dans une partie de poker dont je ne connaissais pas les règles.

Alors, quand Nathan a ouvert la porte et a filé vers le salon sans me dire bonjour, j'ai tenté de me convaincre qu'il ne fallait pas me sentir rejetée : il était peut-être fatigué. Quand il m'a dit à peine deux mots pendant la demi-heure suivante, et pas une seule parole gentille pour me féliciter de jouer aussi bien ou pour s'excuser d'avoir été aussi goujat avec moi, j'ai pensé que ce n'était pas grave. Vraiment, rien du tout.

Et quand son téléphone, qu'il avait posé sur son pupitre tel un porte-bonheur, a bruyamment sonné et qu'il s'est maladroitement précipité dessus pour se retrancher dans la pièce voisine et parler à voix basse pendant une heure... eh bien, j'ai trouvé ça top d'avoir du temps pour répéter toute seule.

Assise là, dans le salon des Armstrong avec mes dents toutes propres, mon T-shirt de minette et mon parfum qui empestait.

– Désolé, Ellie, a-t-il bredouillé en revenant, l'œil larmoyant.

Il serrait toujours le téléphone dans sa main.

J'ai haussé les épaules comme si je n'avais rien de mieux à faire que rester là à l'attendre :

– Tout va bien ?

Il a passé une main dans sa chevelure brune, de la nuque vers le front, et s'est retrouvé avec les cheveux tout ébouriffés.

– Je ne sais pas. Peut-être. J'espère.

Je voulais en savoir plus : est-ce qu'il s'agissait de la fille qui lui avait brisé le cœur ? Je voulais entrer dans sa tête et découvrir à quoi il pensait quand il m'avait embrassée, s'il voulait le refaire, si je lui avais fait oublier l'autre fille.

Ou si je n'avais été qu'une distraction.

Mais, avant que je puisse ouvrir la bouche, il a proposé :

– On rejoue encore une fois, après il faut que j'y aille, j'ai des trucs à faire.

Des trucs...

On a rejoué le duo, mais, cette fois-ci, j'y suis allée à pleins poumons, comme si nous étions au milieu du terrain et pas dans une petite pièce. Il a réagi en faisant la même chose, et ça s'est transformé en bataille de beuglements de trompettes jusqu'à ce que, cramoisis, nous atteignions le paroxysme des dernières notes aiguës.

C'était atroce et énorme.

Quand j'ai ôté l'embouchure de mes lèvres, le son a bien dû résonner dix secondes dans la pièce. Je me suis tournée vers lui avec l'espoir qu'il dise quelque chose, du genre « C'était trop génial et dingue », ou annonce que l'on était faits l'un pour l'autre.

Mais il a seulement dit :

– Bon, à la prochaine, alors.

– D'accord, ai-je répondu. Et j'ai fait mon sac pour partir.

Nathan m'a à peine regardée quand j'ai quitté la pièce.

Je n'étais pas déçue. Je n'étais rien du tout. Je ne voulais surtout pas penser que j'avais laissé ce mec m'embrasser quelques jours plus tôt, que je m'étais disputée avec mon gentil copain parce que je croyais qu'il y avait peut-être mieux que lui ailleurs, que j'avais eu deux amis et Connor, et qu'aujourd'hui je n'avais pratiquement plus personne.

Chapitre 24

Le lendemain, je suis allée en cours sans vraiment savoir ce que j'allais faire ou comment j'allais essayer de me rattraper. Je m'étais fait de la bile toute la nuit dans ma chambre, mais cela ne m'avait pas tellement avancée. Il n'y avait personne avec qui je pouvais en parler et je n'arrivais toujours pas à décider si je détestais Connor un peu, beaucoup ou à la folie, juste parce qu'il m'avait menti.

Je n'avais rien d'autre à faire et je me suis dit que voir les protagonistes de l'histoire m'aiderait peut-être à clarifier la situation. Comme à la fin d'un film policier, lorsque le détective rassemble tous les suspects dans une pièce et pousse l'assassin à se démasquer.

C'était ça, ou je pétais un boulon et allais me cacher dans mon casier.

J'aurais aimé pouvoir m'appuyer sur mes amis, mais Kristen, Jake et Connor ont réussi à m'éviter toute la matinée. Je ne les ai même pas aperçus dans les couloirs.

Grâce à eux, je me sentais exclue, complètement exposée et isolée !

J'étais hallucinée qu'ils connaissent aussi bien mon emploi du temps. Bande de gros nazes.

Mais j'allais les voir à la répétition, c'était sûr. À moins qu'ils ne soient tous restés chez eux, malades... Et, après une matinée maussade à ruminer divers scénarios de conspiration, j'étais prête à les en imaginer capables.

Le prof de bio nous a lâchés une minute en retard – le truc énervant – et j'ai dû jouer des coudes dans les couloirs bondés pour arriver à l'heure à la répétition. Ma section se tenait sur son emplacement habituel au milieu du terrain, à piétiner et jacasser. Connor était en plein milieu comme s'il avait eu peur d'être séparé du troupeau. De toute évidence, il se sentait plus en sécurité dans la foule.

J'ai cherché Jake du regard et je l'ai vu, de dos, en train de parler avec M. Barr. Kristen était avec sa section de l'autre côté du podium et ne regardait pas dans ma direction elle non plus. Ils donnaient l'impression d'avoir tous les trois décidé de rester à au moins trois mètres de moi de peur de choper mon virus destructeur.

J'ai soupiré, sorti ma trompette, et ordonné à ma section de se mettre en ligne pour l'échauffement. Pendant tout ce temps, Connor ne m'a adressé qu'un seul coup d'œil et un hochement de tête comme si nous n'étions que de vagues relations qui ne connaissaient même pas leurs noms, comme si nous ne nous étions pas embrassés pendant des heures dans un passé très récent.

Il n'avait pas dit « prendre du recul » à la légère.

J'ai remarqué le regard de Brandy Jenkins qui faisait des allers-retours entre Connor et moi, comme si elle doutait des dernières nouvelles, vu que nous ne semblions plus nous parler. Puis, à un moment particulièrement mal choisi, elle a décidé de mettre les pieds dans le plat, pile au moment où nous avancions sur le terrain pour répéter le spectacle d'avant le match.

– Dis donc, c'est cool pour toi et Connor, a-t-elle déclaré avec un grand sourire comme si nous étions copines. À mon avis, il est vachement plus gentil que Nathan. Vous êtes tellement mignons tous les deux !

Mon champ de vision s'est brouillé, des chapelets de mots furieux ont afflué dans ma tête et j'ai ouvert la bouche pour déverser ma bile. Mais Jake nous a fait signe de nous préparer avant que je ne me lâche. J'ai ravalé mes insultes, la gorge gonflée, et j'ai entendu Brandy rire sous cape.

La répétition a terriblement mal commencé. Contrairement à la semaine passée, où j'étais joyeusement distraite par la proximité de Connor et notre relation secrète, cette fois-ci, j'étais trop soucieuse pour me concentrer. Lamentable.

Et, bien sûr, Nathan s'est ensuite pointé pour répéter avec nous. Il est arrivé sur le terrain, effronté et sûr de lui, a plaisanté avec M. Barr, m'accordant à peine un regard. Jake et Kristen, eux aussi, ont évité de jeter un coup d'œil dans ma direction. Connor était aussi impassible que si nous étions des étrangers et, pour la première fois depuis la troisième, je me suis sincèrement demandé si je n'allais pas quitter le terrain pour ne jamais revenir.

Tout le monde se fout de toi, a déclaré la voix fielleuse dans ma tête. *Et tu l'as bien cherché. C'est ce qui se passe quand on se laisse mener par son cœur. Quand on commence à s'attacher.*

Avec ce genre de discours en tête, pas étonnant que j'aie loupé le début du duo quand on est passés à la répétition de la parade de mi-temps. C'était tout juste si j'arrivais à sortir une note qui ressemblait de loin à ce que Nathan et moi avions répété pendant des heures.

Puis, au milieu du duo, j'ai tout bonnement arrêté de jouer. Je n'arrivais pas à faire vibrer mes lèvres correctement et j'avais la sensation que les pistons étaient collants et étrangers sous mes doigts. Au bout d'une seconde, je ne me souvenais même plus de ce que je devais faire.

Quelques instants plus tard, j'ai entendu Nathan qui s'arrêtait lui aussi de jouer ; du coin de l'œil, j'ai vu qu'il me regardait. Et le silence s'est installé.

Et c'est là, sur le terrain, le lieu où je me sentais le plus à l'aise et maîtresse de la situation, que j'ai enfin tout laissé exploser dans ma tête. Tout ce que tout le monde m'avait dit au cours de ces derniers jours repassait en boucle. La déception, le doute et la colère ont déferlé sur moi telle une monstrueuse vague de boue.

J'ai eu l'impression que ma vie entière et tout ce que j'avais caché suintaient des pores de ma peau, aux yeux de tous. Tout le monde allait savoir, me montrer du doigt et se moquer de moi.

Et voilà, pour couronner le tout, a carillonné la méchante petite voix, *c'est officiel, tu joues comme une chèvre. Beau travail.*

J'ai perçu l'inquiétude sur le visage de M. Barr perché sur le podium, les murmures surpris dans la formation autour de moi, des gloussements épars. Les larmes me sont montées aux yeux. Tout est devenu flou devant moi et j'ai laissé retomber mon bras et ma trompette. Ma tête s'est vidée d'un seul coup. J'étais incapable de bouger, de m'échapper.

– Repos, a ordonné Jake à la fanfare.

J'ai senti un bras qui passait autour de mes épaules et la tête de quelqu'un qui touchait la mienne. Je me suis appuyée sur le corps à côté de moi, reconnaissante du soutien qu'il m'offrait. Une toute petite partie de moi, complètement débile, espérait que ce soit Nathan, venu à ma rescousse.

– Ellie, va faire un tour, ça te fera du bien.

C'était Jake.

– Je ne peux pas, ai-je murmuré en fermant les yeux, d'où débordaient des larmes brûlantes.

– Si, tu peux, a insisté Jake calmement. Mets un pied devant l'autre, allez. Viens... je vais t'aider.

– Moi aussi, a dit une voix douce, de l'autre côté.

C'était Kristen.

J'ai senti leurs bras qui m'entraînaient délicatement, me guidant hors de la pelouse. Au début, j'avançais lentement mais, à mesure que mon esprit s'est remis à fonctionner et que j'ai saisi l'énormité de ce qui venait de se passer, j'ai accéléré le pas. J'avais l'impression que tout serait réglé si je sortais du terrain. On est vite arrivés à côté du podium, face à M. Barr.

– Ellie, va à l'intérieur, a-t-il dit, les bras croisés.

– Non, c'est bon, je vais bien, ai-je murmuré d'une voix tremblante, tout en ayant horriblement conscience que ce n'était pas le cas.

– Je ne te demande pas ton avis, a-t-il repris sèchement. Va à l'intérieur. Attends-moi dans mon bureau, à moins que tu aies besoin d'aller à l'infirmerie. On va parler.

Je l'ai regardé fixement, le visage inondé de larmes. Il avait la bouche pincée et les sourcils froncés, mais je ne savais pas si c'était d'inquiétude ou de colère.

Quoi qu'il en soit, cela signifiait sûrement que je n'avais plus aucune chance de récupérer mon solo.

– Tout va bien, Ellie, a dit Jake. Tu as besoin de faire une pause. On va s'occuper des trompettes pour toi.

– Je te retrouve au déjeuner, d'accord ? a doucement dit Kristen en posant la main sur mon bras. Tout va bien aller.

J'ai hoché la tête comme une malheureuse, sans les regarder, et je suis allée chercher mon étui au bord du terrain. Toute la fanfare, qui avait silencieusement assisté à la scène, s'est lancée dans une conversation frénétique et bourdonnante.

Je ne me suis pas retournée – j'en étais bien incapable – pour voir ce que je laissais derrière moi. La chef de la section la plus importante et la plus sonore de la fanfare qui ratait un duo et quittait le terrain ! Ça serait sûrement l'évènement de l'année. Et je ne pouvais plus rien y changer, à moins de partir en courant comme une gamine.

Pourtant, entre mes larmes, je ne pouvais m'empêcher de sourire d'un air morose. Au moins, ça allait arrêter les potins sur Connor et moi. Mais est-ce que je préférais être la fille qui avait déjanté et piqué une crise de nerfs en pleine répétition ou celle qui prenait ses petits copains au berceau ?

C'était kif-kif, mais je penchais plutôt pour l'option qui m'éviterait l'hôpital psychiatrique. Ou la perte totale de ma dignité de musicienne de la fanfare.

De toute façon, il était trop tard pour revenir en arrière. Je me suis péniblement traînée vers l'école en concentrant toute mon énergie pour ne pas tomber en sanglots par terre et en essayant de ne pas penser à ce qui venait de se passer.

– Ellie, attends ! a lancé une voix masculine.

J'ai fermé les yeux. L'espace d'une seconde, j'ai eu l'impression que c'était Nathan qui venait vers moi. Histoire de me troubler encore une fois et d'embrouiller un peu plus ma cervelle déjà complètement barrée.

Mais, quand je me suis tournée, c'était Connor qui courait vers moi. Voir son visage troublé m'a immédiatement réconfortée, malgré une pointe d'irritation irrationnelle. Où était-il quand je m'étais effondrée sur le terrain ? Il me laissait prendre du recul ?

Je n'ai pas pu m'empêcher de jeter un regard derrière lui, pour voir où se trouvait Nathan, s'il s'inquiétait de ma crise. Il était peut-être en train d'arriver pour savoir si c'était à cause de lui ?

Et j'ai vu Nathan qui riait. Il se tenait au milieu de *mes* trompettes et il *riait.* Il se moquait sûrement de moi. Je pouvais l'entendre d'où j'étais. On aurait plutôt dit une hyène, pour être honnête.

En un clin d'œil, je n'ai plus rien ressenti du tout pour lui. J'ai radicalement changé de point de vue. Comment avais-je pu aimer un garçon qui, à deux reprises, s'était moqué de moi après des expériences traumatisantes ? Comment avais-je pu avoir envie d'embrasser quelqu'un qui se fichait complètement de moi ?

Avant que j'aie eu le temps d'y réfléchir, Connor m'avait déjà rattrapée. Il m'a regardée puis m'a serrée fort dans ses bras, tandis que mon étui lui cognait les genoux. En plein milieu du trottoir, devant le lycée.

Je me suis raidie, mais il ne m'a pas lâchée et n'a pas dit un mot. Au bout de quelques secondes, j'ai laissé mon corps se détendre et se reposer sur lui. Et toutes les pensées relatives à Nathan se sont dissipées tandis que je me rendais compte que nos corps collés s'imbriquaient à la perfection, comme des pièces de puzzle découpées au laser.

J'ai pressé ma joue contre le T-shirt doux de Connor.

– Je suis désolé de ne pas être venu t'aider sur le terrain, a-t-il dit. Je ne te voyais pas très bien de là où j'étais et après je n'ai pas voulu intervenir quand tu parlais à oncle Bill... M. Barr, je veux dire.

– Tu vas avoir des problèmes parce que tu m'as suivie, non ? ai-je marmonné dans sa poitrine, respirant son odeur familière.

– Ouais, il va sûrement me coller, mais je m'en fiche.

J'ai fait la grimace à l'idée que M. Barr colle son propre neveu :

– Je suis désolée.

– Désolée de quoi ? a-t-il murmuré dans mes cheveux.

Ni lui ni moi ne voulions nous dégager de l'autre pour parler plus facilement.

– Une colle, ce n'est pas la fin du monde, a-t-il ajouté.

J'ai pris une profonde inspiration.

– Je suis désolée, ai-je répété en me détachant de lui pour voir son visage. Je suis vraiment désolée de t'avoir entraîné dans ce désastre et je suis désolée pour ce truc avec Nathan. Et je comprendrais complètement que tu ne veuilles rien avoir à faire avec ça. Ou avec moi. Je me trouve moi-même insupportable, alors je ne t'en voudrais pas si tu préfères arrêter.

Il m'a regardée, mordant anxieusement sa lèvre, une habitude qu'il avait dû prendre de moi. Il attendait la suite.

– Mais j'espère que tu ne le feras pas, parce que... j'aimerais bien essayer.

Cette fois-ci, j'ai eu la sensation, dans chacune de mes cellules, d'être profondément sincère. Encore plus qu'avant, quand je ne pouvais pas comparer Connor à un autre.

– Toi et moi, je veux dire, ai-je poursuivi. Et je me fous du reste... Tu es la meilleure chose qui me soit arrivée depuis longtemps. J'ai été tellement bête sur tout, sur Nathan, et puis je n'aurais pas dû te reprocher ton passé... Je tiens à toi. Je *te connais.*

Je lui ai souri, avec le sentiment que le chemin devant nous était lumineux et pavé d'or. Je tenais à Connor. Et mince, je pouvais le dire, j'étais quasiment amoureuse de lui. C'était sûrement ce qu'il fallait faire.

Il m'a rendu mon sourire en me regardant droit dans les yeux :

– D'accord.

– Sérieux ? (J'ai scruté son visage à la recherche d'un signe d'incertitude.) C'est tout ?

– Ouais. Moi aussi, je tiens à toi, Ellie. Je ne peux pas imaginer être avec quelqu'un d'autre. Et je ne m'attendais pas à ce que ce soit tranquille, de toute façon.

– Ah bon ?

J'étais un peu étourdie par le soulagement.

– Ben, je n'aurais pas apprécié que tu embrasses encore une fois Nathan... Mais bon, ce n'était pas ta faute et tu t'es excusée, alors pourquoi je t'en voudrais ?

J'ai déposé ma trompette sur le trottoir, puis j'ai lancé mes bras autour de son cou et je me suis serrée contre lui.

– Merci, ai-je dit en sentant les larmes qui pointaient à nouveau. Merci d'être aussi... génial.

Il m'a serrée plus fort contre lui et nous sommes restés là dans une chaude bulle de béatitude, comme si rien ne pouvait nous atteindre. Comme si nous étions un bloc solide et incassable.

– J'aimerais que tu me racontes un peu plus ce qui t'est arrivé, ai-je murmuré dans son cou. Et... heum... peut-être qu'on pourrait jouer ensemble un jour. Puisque tu es soi-disant si fort...

Mon oreille collée sur sa poitrine, j'ai senti le roulement de son rire se mêler aux battements de son cœur.

– Et on pourrait aussi ne s'occuper que de mes malheurs pendant un moment ? a-t-il demandé, taquin.

– Oui, bien sûr. On peut s'en occuper, ou ne pas s'en occuper, ou s'embrasser pour se distraire, ou tout ce que tu voudras.

– Je sais ce que je veux, a-t-il dit en faufilant ses mains dans les poches arrière de mon jean.

J'ai levé les yeux vers lui en souriant :

– Ah bon, c'est quoi ?

– Aller au bal du *homecoming* avec ma copine.

Chapitre 25

Une demi-heure plus tard, j'étais assise dans le bureau de M. Barr et j'essayais de m'expliquer.

C'était génial que tout aille bien avec Connor, mais je tenais toujours à jouer ce fichu solo après le *homecoming*. Même s'il fallait supplier en rampant à plat ventre pour l'obtenir.

– Je vous promets que ça n'arrivera plus jamais, ai-je insisté. C'était un accident, c'est tout. Je veux toujours reprendre le solo.

Jake était assis sur la chaise à côté de la mienne et me jetait des coups d'œil alarmés. Je l'ignorais ostensiblement.

– Ce n'est pas ce qui m'inquiète aujourd'hui, Ellie, a déclaré M. Barr en joignant ses longues mains sur le bureau. Je veux simplement m'assurer que tu vas bien. Cela te ressemble si peu de t'effondrer comme cela. Je n'en croyais pas mes yeux. Est-ce qu'il se passe quelque chose dans ta vie... Tu as besoin d'en parler ?

« Ah oui », avais-je envie de lui répondre. J'aurais bien parlé de son neveu qui me déconcentrait parce qu'il était trop beau et talentueux, par exemple, ou du fait que lui, M. Barr, avait autorisé mon vieux coup de cœur destructeur à revenir dans ma vie pour m'anéantir une *deuxième* fois.

– Pas vraiment, ai-je répondu. Enfin, il y avait des choses, mais maintenant ça va.

Je voyais bien que M. Barr mourait d'envie de me demander ce qu'étaient ces « choses », mais il s'est contenté de soupirer et de secouer la tête :

– Si un jour tu as besoin de parler de quoi que ce soit, je suis là. Et Jake aussi. On est là pour t'aider.

J'ai toussé pour dissimuler un rire. L'image de Jake m'aidant à résoudre mes problèmes était hilarante. C'est vrai, quoi, cela faisait un petit moment qu'il n'était pas très présent.

– En fait, il y a une chose que j'aimerais vous demander, ai-je dit une fois mon rire contenu.

– Oui, qu'est-ce que c'est ?

– Je me demandais si Connor ne pourrait pas jouer le duo avec moi à la place de Nathan.

Une expression de profonde confusion a traversé le visage de M. Barr.

– Tu sais... pour Connor ? Il t'en a parlé ?

– Parlé de quoi ? a demandé Jake.

Nous l'avons tous les deux ignoré.

– Oui, je sais que Connor est un prodige de la trompette qui a trop donné. Et je trouve qu'il joue beaucoup mieux que Nathan. Et j'aurais dû le dire plus tôt, mais Connor est aussi beaucoup moins con que lui. Franchement, jouer avec Nathan ne me met pas à l'aise... Ce sont de vieilles histoires personnelles.

M. Barr et Jake m'ont regardée bouche bée. Je ne savais pas exactement si c'était à cause de ce que j'avais dit ou parce que j'avais employé un mot grossier.

– Effectivement, j'aurais préféré que tu m'en informes plus tôt, a lentement énoncé M. Barr. Je suis désolé que tu aies été mal à l'aise. Et... heum... Connor n'est qu'en seconde. Tu crois vraiment que... qu'il devrait le jouer ?

J'ai roulé les yeux :

– Bon... Nous savons tous les deux qu'il joue probablement mieux que moi et qu'il en est tout à fait capable.

– Ah bon ? a demandé Jake, à qui nous ne prêtions toujours pas attention.

M. Barr a réfléchi un instant en pianotant sur son bureau.

– Eh bien, si tu en es si sûre...

– Tout à fait, ai-je affirmé.

Dans une synchronisation parfaite, quelqu'un a frappé à la porte et Nathan a passé la tête.

– Salut, les loulous, a-t-il dit en me faisant un clin d'œil suggestif. Qu'est-ce que c'était, ce pétage de plombs, El' ? Trop de pression ?

J'ai soupiré avec irritation et j'ai jeté un regard interrogatif à M. Barr, qui a acquiescé.

– Nathan... Jake et Ellie étaient justement sur le point de partir. Entre donc un moment.

Je ne sais pas comment, mais j'ai réussi à réprimer le désir de donner un violent coup d'épaule à Nathan en sortant du bureau. Jake a refermé la porte derrière nous. Kristen attendait assise à l'extérieur, anxieuse.

– Ça va ? s'est-elle inquiétée.

Jake a haussé les épaules :

– Ellie vient de balancer Nathan et elle va jouer le duo avec Connor maintenant.

– Hein ?

– Ouais... Ça te gênerait de nous expliquer ce qui se passe ? m'a demandé Jake tandis que Kristen se relevait pour se poster à côté de lui.

J'ai plissé les yeux.

– Pourquoi vous ne commenceriez pas tous les deux ? ai-je suggéré. On dirait qu'il y a autant de secrets de votre côté. Vous pourriez me dire pourquoi vous avez été aussi lourds ?

Ils se sont regardés, puis ont baissé la tête d'un air coupable.

– Ben, on va dire que..., a commencé Kristen.

– On va dire que... heum... en fait, on est...

Jake s'est arrêté, mal à l'aise.

– ... Ensemble. On est ensemble, a terminé Kristen en me regardant avec de grands yeux.

Jake s'est décalé pour prendre sa main, comme pour démontrer ses propos, et j'ai pu constater avec soulagement à quel point je me trompais quand je pensais qu'il avait des sentiments pour moi. Il n'avait jamais été question que de tous les deux. Ils étaient faits l'un pour l'autre.

– Je suis désolée qu'on ne t'en ait pas parlé, Ellie, mais on ne savait pas comment tu allais le prendre. On a cru que tu te mettrais en colère. Et tu avais l'air tellement bizarre à propos de tout.

J'ai ouvert la bouche pour répondre, mais Jake m'a devancée :

– Et puis il y a eu ce truc avec Connor et tu ne nous as rien raconté, a-t-il dit sur un ton accusateur.

– Et puis, sérieux, qu'est-ce qu'il y a entre Nathan et toi ? a ajouté Kristen.

– Écoutez..., ai-je commencé.

– C'est vrai, quoi, c'est comme si on ne te connaissait pas, nous non plus, a renchéri Jake.

– Eh bien...

– Et on n'avait aucune idée de ce qui se passait, a ajouté Kristen.

– Vous allez me laisser parler, oui ? ! ai-je explosé.

Ils m'ont regardée avec impatience.

– Ben... (J'étais soudain embarrassée.) Bon, je suis désolée de ne vous avoir rien dit pour Connor et moi. Je ne sais pas pourquoi, ça m'a stressée, en fait, mais j'aurais dû vous en parler tout de suite, et maintenant je me sens complètement débile.

– Tu ne nous faisais pas confiance, ou quoi ? a demandé Kristen d'une petite voix.

– Mais non, ai-je répondu. Enfin, je veux dire, bien sûr que si, je vous fais confiance. Mais les choses ont changé tellement vite. Et c'était comme si je ne savais plus qui j'étais moi-même, ou qui vous étiez, ou ce qui se passait, et puis il y a eu ce truc avec Nathan...

– *Quel* truc avec Nathan ? a insisté Jake.

– Ben, heu...

Je savais que mon visage était en train de rougir.

Je leur ai raconté ce qui s'était passé avec Nathan lors de notre première répétition du duo, comment il m'avait complimentée et s'était excusé, puis m'avait embrassée. C'était encore plus gênant maintenant qu'il ne m'intéressait plus.

– Et Connor et toi vous étiez déjà ensemble ? a demandé Kristen choquée, mais limite admirative. Ellie, je ne t'en aurais jamais crue capable !

– Ce n'est pas fini, ai-je repris.

Je leur ai raconté comment j'avais avoué la vérité à Connor et puis comment Nathan m'avait traitée, comme une moins que rien.

Kristen a posé la main sur mon bras :

– Quel gros nul !

Jake a soupiré et levé les yeux au ciel :

– Je n'arrive pas à croire que tu as embrassé mon frère.

– Hé ! l'ai-je repris. C'est *lui* qui m'a embrassée.

– Il sait y faire ? a voulu savoir Kristen.

– Heum, a dit Jake. C'est dégueu, là.

– Pas aussi bien que Connor, ai-je répondu en riant.

– *Vous en dites trop là, les filles !*

Jake a fait comme s'il se couvrait les oreilles. Kristen et moi sommes parties d'un gloussement moqueur et, tout à coup, c'était comme si rien n'avait changé. Ou, plus précisément, tout avait changé, mais c'était bien, et même mieux qu'avant.

Nous étions encore en train de rire quand Nathan est sorti du bureau de M. Barr, blême de rage.

– C'est quoi, ce bazar ? m'a-t-il lancé, en remontant ses épaules jusqu'à ses oreilles et en se voûtant. C'est quoi, ton problème, Ellie ?

On a arrêté de rire et je l'ai fusillé du regard :

– À ton avis ?

– Mais qu'est-ce que je t'ai fait ? a-t-il demandé.

– Oh, tu as simplement été toi-même, ai-je répondu en haussant les épaules. J'avais oublié que tu étais un crétin, mais ça m'est revenu.

– J'essayais juste de t'aider, ma vieille, a-t-il rétorqué en prenant un air blessé. Je croyais qu'on se comprenait tous les deux.

– Ouais, là, j'ai bien compris qui tu étais. J'ai compris que tu n'avais pas du tout changé depuis le lycée. Que tu es toujours aussi prétentieux et que tu continues à utiliser les gens comme avant. Et que tu te fous de tout le monde sauf de ta petite personne. Tu devrais peut-être retourner à la fac et essayer d'apprendre à devenir un homme.

Nathan m'a fixée et a secoué la tête avec une tristesse feinte et a dit :

– C'est bête, tu avais vraiment le potentiel pour être cool, Ellie. Dommage.

– Et puis, tu ne joues pas si bien de la trompette que ça, ai-je ajouté. Ta sonorité est atroce.

– N'importe quoi, a-t-il marmonné en pivotant pour partir.

– À tout à l'heure, au dîner, frérot, a fait Jake sur un ton pince-sans-rire.

Nathan n'a pas répondu, il a juste claqué la porte en sortant.

On s'est regardés tous les trois et on a à nouveau explosé de rire.

Chapitre 26

Le lendemain, dans la salle de la fanfare, après le bonheur absolu d'une répétition sans incident dramatique et une répétition topissime du duo, Connor et moi sommes restés plantés là, ensemble. Main dans la main. Pour la première fois, j'ai vraiment eu l'impression que nous étions un couple légitime et je me fichais de savoir qui nous regardait ou à quoi les autres pensaient.

Je me répétais à m'en faire tourner la tête : « J'ai un petit ami ! Un petit ami qui tient à moi, et ce n'est pas un secret ! »

Kristen a virevolté autour de nous comme un joyeux papillon et j'étais trop contente que nous soyons réconciliées pour m'en agacer (comme je l'aurais fait une semaine plus tôt).

Elle pouvait bien s'occuper de mes affaires amoureuses, je ne voyais plus où était le problème. C'était surtout sympa qu'elle soit là.

– C’est moi qui ai arrangé leur première sortie, clamait-elle à tous ceux qui s’approchaient à moins d’un mètre cinquante de nous.

– Ouais, tu as de l’avenir comme marieuse, ai-je dit en riant, la laissant savourer son moment de gloire.

M. Barr a traversé la pièce pour aller à son bureau. Il a jeté un œil vers Connor et moi, main dans la main, puis, surpris, nous a regardés une deuxième fois. Je me suis sentie rougir, à l’idée de ce qu’il allait penser de moi : je sortais avec son neveu, qui en plus était un seconde de ma section. Bon, il n’était pas interdit aux membres d’une section de sortir ensemble, mais je savais que c’était la dernière chose à laquelle s’attendait M. Barr.

Mais il s’est contenté de sourire et nous a fait un petit signe avant d’entrer dans son bureau en secouant la tête l’air de dire : « Ah, les jeunes, vous allez trop vite pour moi. »

– Je lui ai annoncé hier soir qu’on sortait ensemble, m’a expliqué Connor, qui était si près de moi que son souffle chatouillait mon oreille. Ça le fait marrer.

– Il n’est pas en colère ? ai-je demandé avec anxiété.

– Ellie, il te trouve géniale. Pourquoi tu veux qu’il soit en colère ?

Joueur, Connor s’est penché contre moi et m’a fait perdre l’équilibre :

– Arrête de flipper comme ça !

Quelques personnes sont venues me voir pour me demander si j’allais mieux depuis ma crise de la veille. C’était une question compréhensible et je savais qu’elle n’était motivée que par de bonnes intentions, mais c’était quand même pénible. J'avais exposé une faiblesse étonnante et personne ne savait trop comment le prendre.

– J'avais eu une journée difficile, ai-je répondu à Aaron quand il m'a demandé si je m'étais remise.

Il a hoché la tête, l'air sérieux :

– Ça arrive à tout le monde, même aux meilleurs.

Mais le truc plus bizarre a eu lieu dans l'après-midi alors que Connor et moi nous dirigions vers ma voiture.

– Hé, Ellie, c'est qui, ce canon ? a lancé une voix dans mon dos.

Je me suis retournée. C'était Becca Myers, elle marchait toute seule et me souriait d'une façon tout à fait amicale. En fait, elle semblait même très admirative. Je l'ai regardée fixement.

– Tu ne crois pas que tu devrais dire quelque chose ? m'a encouragée Connor avec un petit coup de coude.

– Oh, ouais, bien sûr. Heum... c'est Connor. Mon... copain.

– Joli ! a-t-elle lancé en connaisseuse.

– Merci, ai-je répondu.

– Il y en a d'autres comme lui dans la fanfare ? a-t-elle demandé. J'ai peut-être laissé passer des geeks. (Elle s'est mordu la lèvre avec un sourire.) Ne le prends pas mal.

– Il n'y a pas de mal, ai-je répondu. Je crois qu'il y en a quelques-uns.

Elle a gloussé :

– Salut, à demain en cours d'anglais. N'oublie pas l'interro.

– Ouais.

J'ai esquissé un sourire. Curieusement, le monde entier ne s'était pas écroulé.

Incroyable.

*

Quand je suis rentrée à la maison ce soir-là, ma mère était dans la cuisine en train de préparer le dîner. Elle m'a souri tout en coupant des carottes :

– Ça va mieux maintenant ? Avec tes amis ?

Je me suis assise à la table, le sourire aux lèvres :

– Ouais, on dirait.

– Oh, c'est bien. Je me faisais du souci. Tu semblais tellement contrariée l'autre soir.

J'ai hésité, puis je me suis lancée :

– Maman, il faut que je te dise quelque chose, mais tu dois me promettre de ne pas stresser.

Elle a posé son couteau, l'air affolée :

– D'accord.

– Voilà... Quelqu'un m'a invitée pour le bal du *homecoming*.

L'excitation qui a immédiatement éclairé son visage n'était pas exactement une surprise.

– Vraiment ? a-t-elle demandé d'une petite voix. Et tu vas y aller ?

J'ai souri :

– Oui, je vais y aller.

– Quelle bonne nouvelle, Ellie ! Mais qui t'a invitée ? C'est quelqu'un que je connais ?

– Mon petit copain, ai-je répondu sans marquer de pause pour réfléchir.

– Ton... *quoi*?

Maman s'est assise à table, un peu sonnée. Je lui ai déballé toute l'histoire. Sans rien omettre, même les parties qui me dégoûtaient, comme embrasser Nathan.

Quand je lui ai annoncé l'âge de Connor, je m'attendais à ce qu'elle tape du poing sur la table et mettre son veto. Mais elle s'est contentée d'écouter, de hocher la tête, de sourire aux bons passages et de grimacer aux moins bons. Elle a montré beaucoup plus d'émotion lorsque je lui ai raconté que Nathan m'avait rembarrée en sortant du bureau de M. Barr.

– Après avoir été un crétin pareil avec toi? s'est-elle écriée.

– Ben, ouais.

– Quel imbécile! s'est-elle exclamée.

Je n'ai pas pu réfréner un léger gloussement, et son indignation m'a fait du bien.

– Donc, ai-je conclu avec un soupir, ça veut dire que j'ai besoin d'une robe pour vendredi soir. Et je me disais qu'on pourrait aller faire les magasins toutes les deux?

Comme on pouvait s'y attendre, ses yeux sont devenus aussi grands, ronds et brillants que si elle venait de gagner au loto.

– Vraiment? Tu veux que je vienne avec toi?

– Ben, ouais. C'est ce que font les mamans d'habitude, non?

– J'imagine, a-t-elle répondu d'un air incertain.

C'était une terre inconnue pour elle et moi. La dernière fois que nous avions fait du shopping ensemble remontait à deux étés. Nous avions fini par nous hurler dessus au milieu de la zone des restaurants du centre commercial parce qu'elle avait fait une remarque sur mon cheeseburger industriel.

– J'avais abandonné l'idée de faire ce genre de chose avec toi. Je sais que ça ne te plaît pas beaucoup.

– Je déteste ça, en fait, ai-je dit avant de baisser les yeux vers mon uniforme habituel : T-shirt, jean, tennis. Mais on dirait que... j'ai besoin d'aide.

Sans prévenir, ma mère s'est penchée vers moi et m'a serrée dans ses bras :

– Je suis tellement contente pour toi, Ellie.

Sa voix tremblait légèrement.

Je l'ai laissée me tenir dans ses bras quelques secondes, puis je me suis dégagée :

– Pourquoi ? Parce que j'ai enfin trouvé un garçon qui s'intéresse à moi ou parce que je veux mettre une robe ?

Je pouvais entendre une pointe d'acidité dans ma voix, mais c'était plus fort que moi. Si elle se mettait à me critiquer maintenant, je n'étais pas sûre de pouvoir le supporter. Pas après lui avoir presque tout raconté, pas après tout ce qui s'était passé aujourd'hui.

Maman s'est tordu les mains sur ses cuisses et a observé mon visage :

– Non, ce n'est pas ça. Je suis contente parce que tu sembles contente. Contente de la façon dont tu parles de ce Connor, on dirait que tu tiens beaucoup à lui. Je ne t'ai jamais vue comme ça. Tu es... lumineuse.

J'ai souri, soulagée.

– Je n'ai jamais ressenti ça, ai-je admis calmement.

Elle s'est penchée vers moi et a posé sa main fraîche sur ma joue :

– Ellie, tout ce que je veux, c'est que tu sois heureuse. Je sais que je ne suis pas la plus douée pour le montrer et que je peux être critique, mais c'est parce que je t'aime. Vraiment.

Oh, *génial*! Les larmes recommençaient à me monter aux yeux.

– Tu le sais, hein ? a-t-elle demandé, les yeux larmoyants elle aussi.

J'ai hoché la tête, la gorge serrée :

– Oui.

– Et je suis si fière de toi, a-t-elle poursuivi. Tu fais des choses dont je suis incapable. Toute cette musique, ces chorégraphies et ce duo... Je suis impressionnée chaque fois que je te vois sur le terrain. Tu es tellement douée. On adore aller t'écouter jouer, ton père et moi.

– Ah bon ?

– Oh, Elaine, mais bien sûr ! (Elle semblait un peu vexée.) Pourquoi on vient à chaque fois, à ton avis ?

– Je ne sais pas, ai-je marmonné. Parce que vous vous sentez obligés ?

– Mais non, bien sûr que non. Je ne vais pas dire que nous comprenons absolument tout, vu que nous ne connaissons pas grand-chose en musique et que nous n'avons défilé que dans des manifestations. (Elle a marqué une pause pour rire de sa boutade.) Mais ça ne veut pas dire que nous n'aimons pas te regarder jouer. Quels parents n'aiment pas voir leurs enfants s'amuser et exprimer leur talent ?

Honnêtement, c'était ce que j'avais toujours voulu entendre, même si je ne le savais pas avant qu'elle me le dise. J'avais presque dix-huit ans et, dans moins d'un an, je serais à l'université, « techniquement » adulte et indépendante, mais c'est toujours agréable de savoir que vos parents sont fiers de vous. Et qu'ils ne vous reprochent pas d'avoir vos propres centres d'intérêt (même s'ils sont très différents des leurs). Surtout quand on se sent si éloigné d'eux que l'on en vient parfois à penser qu'il y a eu une confusion tragique à la maternité.

– Merci, maman, ai-je murmuré.

Elle m'a gentiment tapoté la joue et a joyeusement soupiré :

– Et à quelle couleur tu pensais pour cette robe ? Je me suis toujours dit que tu serais très belle en marron foncé.

Chapitre 27

Le vendredi soir, enfin les premiers signes de l'automne sont apparus.

Le temps avait fraîchi et j'ai apprécié nos épais uniformes en laine et nos gants blancs de cérémonie. L'air semblait plus propre, les lignes blanches sur le terrain, plus éclatantes, la voix du présentateur, dans le haut-parleur, plus vive et nette.

Sur la ligne de touche, nous attendions le moment d'entrer sur la pelouse, à la mi-temps. Jusque-là, la soirée avait été bonne, avec un spectacle d'avant-match du tonnerre qui avait soulevé la clameur des tribunes. L'équipe de foot nous avait même fait la faveur de mener le jeu, et nous avions dû jouer la *fight song* tellement de fois que mes lèvres étaient déjà ankylosées.

Ma section était en ligne, je me tenais donc seule et j'essayais de me motiver à fond pour le duo. Je tremblais un peu, pas de trac, merci beaucoup, mais d'excitation.

J'aurais aimé être déjà là-bas, sur le terrain. Leur montrer que j'étais toujours la meilleure.

J'ai senti un bras autour de ma taille et me suis tournée en sursautant pour découvrir Connor qui me souriait.

– Prête à mettre le feu? J'espère que tu vas pouvoir me suivre, sinon il faudra que je me trouve une autre copine ce soir au bal.

J'ai souri:

– Oh, ne t'inquiète pas. Quand tu auras vu ma robe, tu ne regarderas plus ailleurs.

J'avais réussi à convaincre ma mère que le marron ne correspondait pas exactement à mon style et elle m'avait aidée à choisir une robe noire moulante, que j'essayais devant mon miroir tous les soirs.

Elle m'allait vraiment bien et je mourais d'impatience d'aller me préparer chez Kristen, après le match. Kristen et Jake, Connor et moi allions arriver ensemble au bal.

Mon copain m'a souri et m'a serrée contre lui.

J'ai alors eu la sensation que son bras autour de moi était comme une ancre qui me maintenait au sol. Assurant ma sécurité. Je me suis demandé si je disparaîtrais s'il n'était pas là. Est-ce que je m'envolerais dans la nuit pour m'évaporer dans le noir derrière les lumières qui inondaient le terrain de foot? Non, évidemment que non. Mais il y avait un truc de sûr: rien ne serait aussi amusant sans lui.

Il s'est penché pour m'embrasser et nos chapeaux à plumes se sont percutés en faisant un bruit creux. Je lui ai souri.

– Gardez ça pour après le match, jeune homme, l'ai-je taquiné.

Devant moi, l'un des joueurs de foot nous observait. Il avait manifestement assisté à notre petit interlude.

– Waouh, a-t-il marmonné derrière son casque. Des fanfareux *in love.* Trop mignon.

Il a tendu son poing taché d'herbe et Connor l'a légèrement cogné du sien, comme pour marquer une victoire. Ah, les mecs, je vous jure...

Un coup de sifflet a annoncé la fin de la première manche, l'équipe de foot est partie dans les vestiaires et j'ai repoussé Connor en plaisantant.

– En ligne ! ai-je lancé.

Il m'a fait un clin d'œil et a obéi en s'écartant de deux pas sur la ligne de touche.

Jake nous a mis au garde-à-vous et mon cerveau s'est vidé de tout ce qui ne concernait pas la parade. J'ai regardé fixement de l'autre côté du terrain, vers les tribunes de l'équipe adverse. Mon cœur tambourinait et mes doigts ont instinctivement appuyé sur les pistons de ma trompette, me confirmant qu'elle était bien huilée et fin prête. J'ai légèrement fait vibrer mes lèvres pour les détendre. Les notes de musique virevoltaient dans ma tête comme des araignées sur leur toile, les battements de mon cœur et le rythme de la musique ne faisaient plus qu'un.

J'ai fredonné le morceau, habitée par chaque note.

– Une, deux ! Une, deux !

Aaron marquait la mesure sur son tambour à timbre tandis que nous entrions à grandes enjambées sur le terrain, le haut du corps droit et immobile comme glissant sur des rails, nos jambes faisant des pas identiques et mesurés, nos pieds roulant tout en douceur du talon aux orteils. Connor et moi nous sommes arrêtés à dix mètres, en continuant à tenir le pas sur place, alors que le reste de la fanfare se positionnait autour de nous. Au signal du tambour, nous nous sommes tournés au même moment.

Jake se tenait au-dessus de nous, dirigeant la fanfare depuis le podium central pour la première fois. Il a baissé les yeux et nos regards se sont croisés. L'expression de son visage était raide et sa bouche dessinait une ligne rigide sans émotion. Tout a changé le temps d'un petit sourire, ses dents brillant dans les lumières du stade.

Ses lèvres ont lentement articulé « Bonne chance » et il a discrètement levé un pouce victorieux vers moi.

C'était le soir du *homecoming*. Je jouais le duo d'ouverture et mon meilleur ami dirigeait la fanfare. C'était le moment que Jake et moi attendions depuis la troisième. Le moment où tous les regards seraient braqués sur nous. J'ai ressenti l'énergie de tous les corps familiers autour de moi, celle de Connor qui se tenait fermement à mes côtés, celle de mes fidèles parents dans les tribunes et cette attention extrême concentrée sur nos trois personnes. Elle s'est diffusée en moi et m'a chargée à bloc.

Je *pouvais* le faire.

J'ai souri à Jake, j'ai levé ma trompette et j'ai inspiré.

Remerciements

Merci infiniment aux personnes suivantes : Kate Schafer, mon agent, dont le merveilleux regard rend toujours tout possible ; Andrew Karre, mon éditeur, et toute l'équipe de Flux, qui ont été des guides formidables tout au long de cette aventure ; Catherine Alvira qui, la première, m'a suggéré d'écrire sur une fanfare ; Adam Schweigert, pour son superbe site web ; à maman, Mark, papa et Sue, pour leur immense amour et leur soutien. Aucune fille ne peut rêver avoir de meilleurs parents.

Découvre d'autres romans de la collection

sublime idylle

Mon cœur qui bat si fort

de Alf Kjetil Walgermo

Traduit du norvégien
par Marina Heide

... Je me suis adossée au mur. Droite comme un i, j'ai écouté mon cœur battre. Da-vid. Da-vid. Da-vid. Da-vid. Oui, j'étais amoureuse. Du plus beau garçon du collège. Un frisson m'a parcourue. Et si mon nouveau cœur ne se souvenait pas de lui ?

J'ai laissé mon cœur dans les brumes d'Édimbourg

de Carolina Lozano

Traduit de l'espagnol
par Isabelle Gugnon

À dix-sept ans, il paraît qu'on n'est pas normal si l'on passe ses soirées dans la bibliothèque de son lycée. Pourtant, je ne suis pas la seule à aimer étudier dans l'enceinte du prestigieux lycée d'Édimbourg, cette antique bâtisse peuplée d'ombres et de mystères. Car aujourd'hui, dans la salle de lecture, j'ai aperçu le plus beau garçon du monde plongé dans un vieux livre. Grand, la peau claire, il ressemblait à l'un de ces guerriers celtes que toute l'Europe redoutait au Moyen Âge. Or, en prêtant à ce garçon des origines aussi lointaines, je ne me suis pas trompée...

Cet ouvrage a été mis en pages
par DV Arts Graphiques à La Rochelle

Impression réalisée par
Rotolito

Imprimé en Italie
N° d'impression :